新特産シリーズ

プルーン

栽培から加工、売り方まで

宮澤孝幸・田尻勝博＝著

農文協

まえがき

プルーンが日本に導入されてから一三〇年ほどが経過している。しかし高温多湿のわが国では、導入当初から果実の腐敗や裂果に悩まされた。昭和四十年代半ばになると水田の転換作物として各地でつくられるようになり、栽培面積も増加していった。昭和五十三年には、長野県が初めてプルーンという商品名をつけて市場出荷を始めた。プルーンを生果として市場出荷することについて、当時の関係者はずいぶん苦労されたと聞いている。

その後、昭和六十年ころから安定生産のための試験研究が本格化し、現在では裂果防止を目的とした雨よけ栽培が主要産地で普及するに至っている。

ところで、プルーンは「奇跡の果実」とも「驚異の果実」ともいわれている。含まれるミネラルやビタミン類が豊富で、とくに乾果の場合、これらの成分が濃縮されることによるネーミングである。

またわが国では現在、糖度が高い「ローブドサージェン」や多汁な「ベイラー」など生食に適した品種が栽培され、これらの完熟果の食味はたいへん優れる。ただ、残念ながら流通量が少ないため、プルーンが本来もっているおいしさはまだ十分に消費者に知られていない。雨よけ栽培の普及やそのほかの生産技術の追究によってプルーンの完熟生果のおいしさが多くの人に知られ、またその食品機能性が十分に発揮されるようになることを願って、本書を著した。

著者らは、長野県果樹試験場育種部で品種選定や交雑和合性の解明、生産安定のための基礎試験を実施してきた。また、日本に適する有望品種の育成にも力を入れている。そうしたデータなどをもとに、本書はプルーンの栽培技術、加工などにかかわる事項をできるだけ網羅して記述し、また初心者にも理解できる内容となるよう努めた。これから新しくプルーン栽培を始める人のみならず、すでに栽培している生産者や指導的な立場にある方々にもご活用いただければ幸いである。

執筆にあたっては、これまでプルーンの研究に携わってこられた諸先輩方の研究成果を引用させていただいた。また、小池洋男・長野県果樹試験場長には多くの助言を頂戴した。深く感謝の意を表したい。

なお本書の執筆は、第2章の2、第3章のⅡおよびⅣを宮澤が担当し、それ以外は田尻が担当した。

二〇〇三年九月

宮澤　孝幸
田尻　勝博

目　次

第3章 プルーン栽培の実際

V プルーンの雨よけ栽培 125

第1章 プルーン栽培の魅力

1．健康果実として人気

(1) 肩こり、二日酔い、貧血に効くミネラル果実

プルーンは、バラ科サクラ属のスモモ亜属に属する果樹で、その果実には無機質（ミネラル）、ビタミンが多く含まれ、健康食品としてたいへん注目されている。また、プルーンは、その機能性の高さから「奇跡の果実」ともよばれている。

無機質（ミネラル）とは、人間の身体を構成する元素のうち、水、炭水化物、タンパク質、脂質などの構成元素である炭素、水素、酸素、チッソを除いた元素の総称である。

ミネラルは、生物の生命活動に必要な各種生理作用、酵素作用、代謝調節作用などと密接な関わりをもち、健康の維持増進、病気の予防に重要な役割を担っている。

「五訂日本食品標準成分表」（科学技術庁資源調査会編）によると、プルーン生果実は、ミネラルのうち、カリウムをもっとも多く含み、ついでリン、マグネシウム、カルシウム、ナトリウム、鉄、亜鉛、銅、マンガンなどを含んでいる。

乾果では、これらの成分が濃縮されて生果の約二～六倍となっている（表1―1）。

表1-1　プルーンおよび主要果実の栄養成分(「五訂日本食品標準成分表」より)

成分(可食部100g当たり)		プルーン生果	プルーン乾果	温州ミカン	リンゴ	モモ	ナシ
	エネルギー(kcal)	49	235	46	54	40	43
	水分(g)	86.2	33.3	86.9	84.9	88.7	88.0
	たんぱく質(g)	0.7	2.5	0.7	0.2	0.6	0.3
	脂質(g)	0.1	0.2	0.1	0.1	0.1	0.1
	炭水化物(g)	12.6	62.4	12.0	14.6	10.2	11.3
	灰分(g)	0.4	1.6	0.3	0.2	0.4	0.3
	食物繊維(g)	1.9	7.2	1.0	1.5	1.3	0.9
無機質(ミネラル)	ナトリウム(mg)	1	1	1	Tr	1	Tr
	カリウム(mg)	200	480	150	110	180	140
	カルシウム(mg)	6	39	21	3	4	2
	マグネシウム(mg)	7	40	11	3	7	5
	リン(mg)	14	45	15	10	18	11
	鉄(mg)	0.2	1.0	0.2	Tr	0.1	0
	亜鉛(mg)	0.1	0.5	0.1	Tr	0.1	0.1
	銅(mg)	0.06	0.30	0.03	0.04	0.05	0.06
	マンガン(mg)	0.09	0.36	0.07	0.03	0.04	0.04
ビタミン	ビタミンA カロテン(μg)	480	1,300	1,000	21	5	0
	レチノール当量(μg)	80	210	170	3	1	0
	ビタミンE(mg)	1.3	1.5	0.4	0.2	0.7	0.1
	ビタミンB_1(mg)	0.03	0.07	0.10	0.02	0.01	0.02
	ビタミンB_2(mg)	0.03	0.07	0.03	0.01	0.01	Tr
	ナイアシン(mg)	0.05	2.2	0.3	0.1	0.6	0.2
	ビタミンB_6(mg)	0.06	0.34	0.06	0.03	0.02	0.02
	葉酸(mg)	35	3	22	5	5	6
	パントテン酸(mg)	0.22	0.32	0.23	0.09	0.13	0.14
	ビタミンC(mg)	4	0	32	4	8	3

注　Tr：微量

レチノール当量：ビタミンAに含まれるレチノールの量とカロテンをレチノールに換算した量の合計で，ビタミンAの総量とされる。なお，レチノールはおもに動物性食品に含まれ，プルーンには含まれていない。

また乾果のミネラル含量を、温州ミカン、リンゴ、モモ、ニホンナシなどの主要果実と比べると、カリウム、カルシウム、鉄などの多いことが特徴といえる。

■カリウム―高血圧、脳卒中の予防に

カリウムは、細胞の浸透圧の調節や活性を保つ役割を担っていることが知られている。具体的には心臓の機能や筋肉の機能調節に関係しており、カリウムが不足すると筋力が低下して疲れやすくなることや、ひどい場合には全身の筋肉がマヒ状態に陥ることもあるとされる。またカリウムは、ナトリウムと拮抗的に作用して、体内のナトリウムが過剰となったさいに、ナトリウムを体外に排出し血圧を降下するように作用する。ナトリウムは過剰に摂取すると、高血圧、脳卒中、心臓病、腎臓病などの循環器系疾患の原因となる。したがって、カリウムを含む果物の摂取は、高血圧の予防に有効であり、なかでもカリウム含量が多いプルーンの果実は、高い効果が期待できると、注目されている。

■カルシウム―骨の強化、イライラ防止に

プルーンの果実には、カルシウムも多く含まれる。

カルシウムは、骨の主要構成要素の一つであり、人体中ではほとんどが骨や歯に存在している。細胞内には微量しか存在しないが、細胞の多くの働きや活性化に必須の成分である。たとえば、筋肉の興奮を抑える、刺激に対する神経の感受性を静める、などの作用があることが知られている。またカルシウムは血液の凝固にも関与している。

カルシウムが不足すると、成長期では成長が抑制され、成人では骨がもろくなる、神経が過敏になるなどの症状があらわれる。

プルーン果実には、カルシウムが生果でリンゴの二倍、乾果では一三倍も含まれており、骨粗鬆症やイライラの予防に効果的である。

■鉄―貧血予防、組織の活性化に

人体中における鉄は、酸素と二酸化炭素を運搬する赤血球に含まれるヘモグロビンの構成成分として重要である。また、筋肉中や細胞の構成要素としても大切な役割を担っている。

鉄が不足すると貧血になったり、身体が疲れやすくなったりする。プルーン果実には、鉄が多く含まれるため、貧血予防や身体の組織の活性化に役立つ。

■ビタミン―健康増進、発ガン抑制などに

プルーン果実に含まれるビタミン類では、ほかの果実と比較してビタミンAとEの含有量が多いことに注目したい。

ビタミンAは脂溶性ビタミンで、皮膚や粘膜を健康に保つ働きや、夜盲症の予防の働きなどが知られている。ビタミンAの効力をもつ成分にはレチノールとカロテン類があるが、プルーンの果実に含まれているのは、おもにカロテン類で、レチノールのかたちでは含まれていない。しかし、カロテン類は、体内に摂取されてからレチノールに転換して、ビタミンAとしての効力を示す。

カロテン類のなかでも、とくにβ-カロテンにはビタミンAとしての働きだけでなく、抗酸化作用や免疫力を高める機能や発ガン抑制効果のあることがわかってきた。抗酸化作用とは、身体の中でできた過剰な活性酸素を消去する作用である。活性酸素には、遺伝子を傷つける作用があり、これがガンの発生につながると考えられている。

プルーン果実に多く含まれるもう一つのビタミン類、ビタミンEもAと同じ脂溶性ビタミンで、レチノールやカロテン類の酸化を防ぐ、生体膜を健全に保つ、赤血球の溶血を防ぐ、脂質の過酸化を防止する、などの働きが知られている。不足すると、溶血性貧血、神経機能低下、筋無力症、不妊などを引き起こす。

■その他の機能成分―二日酔い、生理痛の緩和に

そのほかプルーン果実には、タンニン、キナ酸、サリチル酸、サリチル酸メチル、アミノ酸、ペクチンなども含まれている。これらの成分は、利尿を促進する、おけつ（古血）を除く、清熱・降気（熱を冷ます）などの作用がある。具体的には、二日酔いや日射病などで身体がほてってひどく口が渇くときや、生理不順から起こる頭痛、肩こり、のぼせ、腹痛（下腹がはって痛む）などに効果的に作用するといわれている。

表1-2　プルーンの生果と乾果の水分含量および糖組成（石井，1983）

（％）

試料	水分	糖組成				乾物中ソルビトール
		ショ糖	ブドウ糖	果糖	ソルビトール	
生果	79.8	4.3	5.1	2.0	5.3	26
乾果A	36.1	0	20.0	8.6	18.0	28
乾果B	27.5	0	20.8	10.3	20.8	29
乾果C	34.5	0	21.1	12.9	14.6	22

(2)　〝健康的な糖分〟のソルビトールが豊富

プルーンの生果実には、糖成分が一二〜一六％程度含まれている。ショ糖、ブドウ糖、ソルビトールがほぼ等量で五％前後ずつ、果糖がブドウ糖のほぼ半量で二％前後という組成である。乾果では、ショ糖がほとんどなく、ブドウ糖とソルビトールがほぼ等量で二〇％、果糖がブドウ糖のほぼ半量で一〇％前後になる（表1―2）。

プルーンの糖含量のうちとくに注目したいのは、ソルビトールの多いことである。

ソルビトールは、ブドウ糖や果糖を還元して得られる糖アルコールの一種で、天然にはバラ科植物やノリなどの海藻類に多く含まれている。リンゴの芯周辺のいわゆる蜜とよばれる部分の成分がこのソルビトールである。

ソルビトールは体内に吸収されると、大部分は肝臓で果糖に転換され、エネルギー源として使われるが、ブドウ糖などに比べると腸からの吸収や代謝速度が遅く、人体内の血糖値への影響がきわめて少ない。その意味では健康的な糖分ということができるかもしれない。

食品機能的には利尿、保湿、軽度の腸刺激作用があるといわれる。プルーンを食べると便秘によいといわれるのは、このソルビトールを多く含むためである。また、プルーンは果皮にセルロース、果肉にペクチンなどの植物繊維も多く含むため、ソルビトールの効果と相まって、より便秘解消に効力を発揮する。ただし食べすぎると軟便になったり、下痢を起こすこともあるので、少量ずつをとるようにしたい。

2. 完熟生果のおいしさ

(1) もともとは乾果用果実だが

プルーンは乾燥気候を好み、夏に雨の少ないアジア西部からヨーロッパ南部、アメリカ西海岸の地中海性気候の地域で多く栽培されている。

こうした地域ではプルーンは、干しブドウとともに乾果が重要な貯蔵食品として利用され、地中海沿岸地方やヨーロッパでは乾果プルーンの生産を目的として発達した。現在もプルーンの果実は、その大半が生食用としてよりも乾果として利用されている。

プルーンの果実は、果肉がち密で、果汁が比較的少なく、糖含量が高いなど、乾果としての加工に適する特性をもつ。乾果の生産を主目的に栽培の行なわれている地中海沿岸地方やアメリカ西海岸の産地では、成熟期になっても果実を収穫せずに木にならせておき、果実の水分が蒸発して、糖度が高くなってから収穫したものを乾果に加工して用いている。また、品種改良によって、乾果用の優秀な品種も多数育成されている。

しかし日本では、そうした乾果用の品種も、果実は生食用として利用されている。

(2) しわがよるほどの完熟生果が大うけ

日本では、プルーンの収穫時期にあたる夏から秋に降雨が多いため、乾果用果実の生産がむずかしく、主として生果用果実として栽培されている。しかし、その市場流通量も今のところ少ないため、一般の消費者にはなじみがうすく、プルーンは輸入品の乾果、ジャム、ならびにジュースなどに加工された果実と考えられていることが多い。

また、生果用として出荷されているプルーンの果実についても、完熟品は少なく、消費者が完熟したプルーンの果実を食べる機会はほとんどない状況である。

樹上で完熟し、果実の水分がやや抜けて、果こう（枝と果実をつなぐ果柄のつけ根）部分にしわがよるくらいになったプルーン果実は、たいへんに食味が優れる（図1―1）。雨の多い日本の気象条件

図1-1　しわがよるほど樹上において完熟させた果実はほんとうにおいしい（品種「サンプルーン」）

下で、こうしたプルーンの完熟果実を出荷することはむずかしいが、雨よけなどの利用により完熟に近い果実を出荷できるようになれば、プルーン生果の消費は、よりいっそう伸びると思われる。

　現在、市場で流通しているプルーン果実の一部には、未熟状態で収穫されて売られているものもある。プルーンの果実は、果肉が成熟する前に着色が始まるため、外観による収穫期の判断がむずかしいこと、完熟した果実は日もち性がやや劣ることなどから、早もぎされる傾向がある。また、露地栽培では、収穫期の降雨によって、裂果や果実腐敗性病害などの発生が助長されることをおそれるあまり、早もぎしてしまうという問題がある。

　完熟した食味の優れるプルーン果実の出荷には、成熟期と収穫適期を正確に判定すること、裂果や果実腐敗性病害の発生防止に必須な雨よけ施設を積極的に導入することが重要である。プルーンの栽培では完熟果実を出荷、流通させることこそ、消費者の支持を得る最重要事項となる。

(3) まだまだ完熟生果の味は知られていない

前にも述べたとおり、国内においてはプルーンの生果の生産と流通が少ないこともあって、完熟プルーンの味を知る消費者は少ない。プルーンといえば、乾果プルーンのイメージが強く、生果用プルーンの知名度はまだまだ低い現状である。

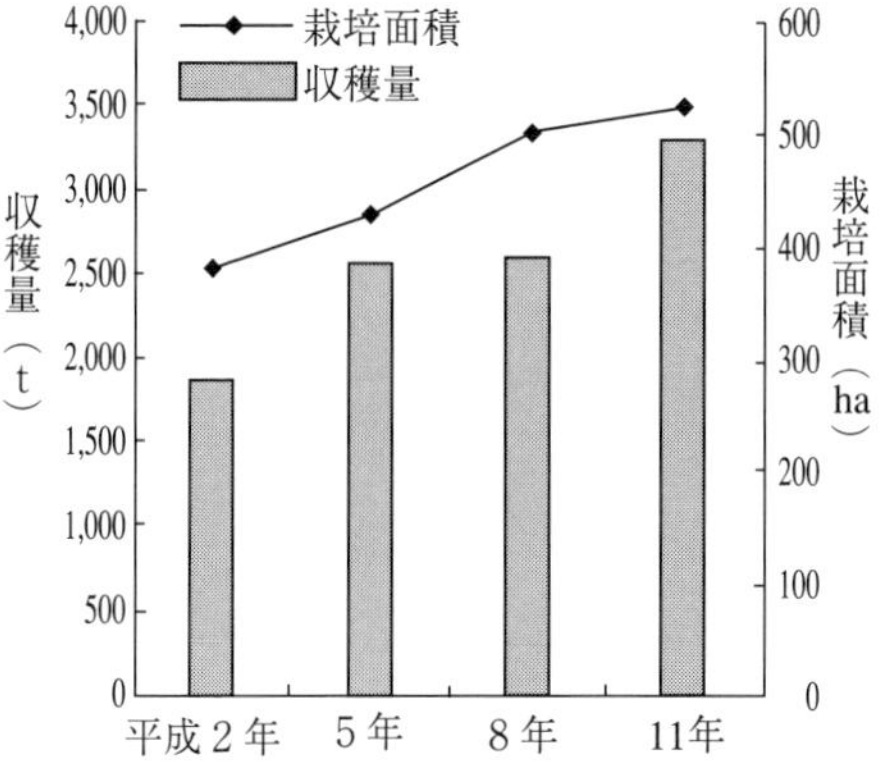

図1-2　プルーンの全国における栽培面積と収穫量の推移（農林水産省「果樹栽培状況等調査」より）

国内における生果の流通期間は七月中旬～十月上旬で、その流通量は二五〇〇トン前後である。これに対し、乾果はアメリカのカリフォルニア州から年間二万トン前後が輸入されて周年供給されており、生果と乾果の国内における流通量には実に八倍もの開きがある。

今後、国産生果の流通量を増やすには、生産面積を増やすことと、単位面積当たりの収量を増やす必要がある。近年、生産面積は増えてきており（平成二年の三八〇ヘクタールから平成十一年の五二四ヘクタール）（図1―2）、流通量は増加傾向にある。単位面積当たりの収量を増やすには、生産技術の向上と雨よけ栽培の導入などをはかる必要がある。

生果の人気を高めるには、完熟果実の出荷流通を心がけることがもっとも重要な課題である。観光果樹園で完熟した果実のもぎとりを通じて、食味の優れる果実を消費者に食べてもらう方法も、消費拡大につながると考えられる。

また、生果の完熟品を朝どりして、その日のうちに直売所や自動販売機などで販売することも一つの方法である。地産地消とよばれる地元流通は、生産者と消費者との距離が近いだけに、完熟したプルーン果実の消費拡大をはかるにはよい方法といえる。

3. 直売所、観光果樹園、自動販売機　これからの有利販売

(1) 地元のお客さんに売る

最近では、農産物の地産地消の取り組みが増えている。完熟した果実類を中心とした農産物の消費拡大をめざすために、直売所での販売は地産地消に適した方法の一つと考えられる。

地産地消の形態としては、ベッドタウン化・混住化が進みつつある地域の道路沿いなどに設置された農産物直売所（図1―3）、スーパーマーケットなどの地場産生鮮農産物販売コーナー、観光地の高

速道路サービスエリアや道の駅などの農産物直売所（図1—4）などが利用されている。

　このような直売所で販売されている農産物は、品質と鮮度が優れ、価格も比較的安価であることから消費者に好評で、人気が高まり、新たな流通形態として定着しつつある。

図1-3　農村部の道路沿いに設置された農産物直売所

図1-4　道の駅に併設された農産物直売所

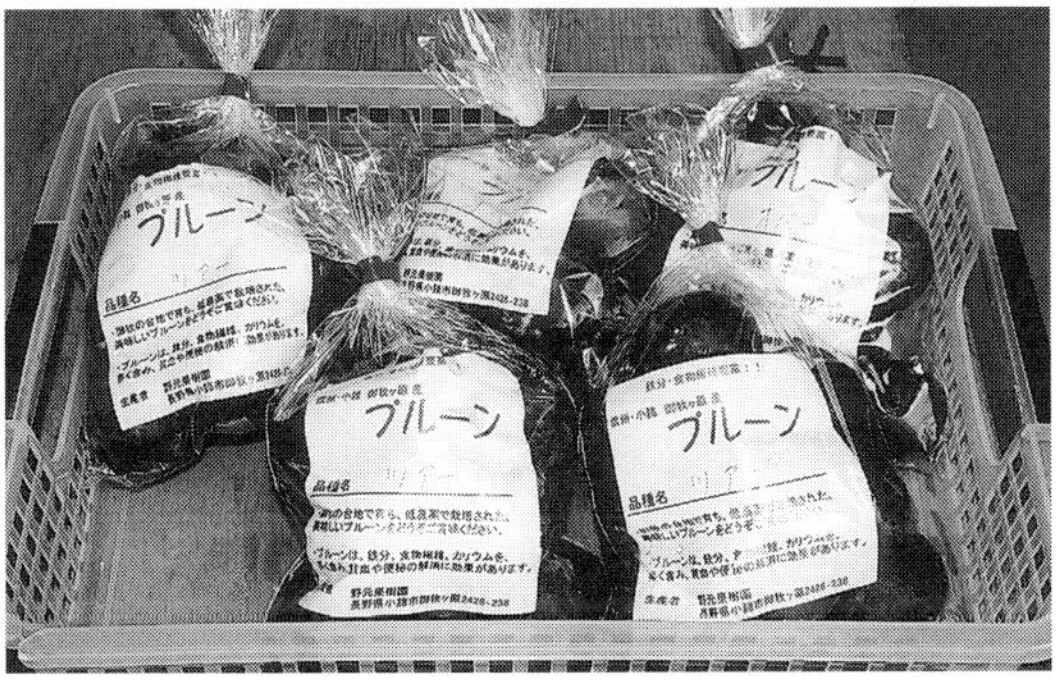

図1-5　簡易包装のプルーン（野元勝也氏協力）

図1-6　コメ，野菜，果物などを販売している自動販売機　（細田國夫氏協力）

プルーン完熟果実の市場出荷では、日もち性のほかにも、出荷規格から外れた大小果実のロスが問題となる。出荷規格外のサイズの果実は、品質的には何の問題もなく、むしろ食味の優れた果実も含まれるわけで、それらの有利販売策を構築することが重要となる。

直売であれば、これらの規格外果実を、市場出荷では必要となる出荷・調製作業を省いて、バラで袋詰めした簡易な形態に包装して（図1—5）、値ごろ感のある価格で販売することができる。

また、機能性食品として優れるプルーンを、農産物直売所で対面販売することによって、より強くアピールすることも可能である。

(2) 自動販売機で販路開拓も

また、地元消費者へのアピールの仕方として、最近はコメ、野菜、キノコ、卵などの地元産農産物の自動販売機による販売を見かけることが多い（図1—6）。

プルーンの完熟果実も、袋詰めなどの簡易包装形態で販売することが可能である。

問題点としては、自動販売機で販売する品目を通年供給する方策が必要なことである。完熟プルーンはいわゆる旬の果物であるため、供給期間に限りがある。果物にこだわらず、野菜、コメなどの他品目と組み合わせた販売機の利用を考えることが課題となる。

(3) 都会のお客さんを呼びこむ

プルーンは果実が小さく、適熟果を数回に分けてとらねばならないため、収穫作業に多くの時間がかかる。また腐敗果、変形果の除去や出荷規格にあわせた選果、パック詰めなどの出荷・調製作業にも多くの手間がかかる。プルーンの生果完熟生産を考えた場合、問題となるのが、これらの収穫と出荷・調製の作業である。

この問題をある程度消費者に預けてしまえるのが、観光果樹園の展開である。しかも観光果樹園なら、樹上で完熟したプルーンのおいしさをじかに味わってもらうことができる。生果プルーンに対するイメージを大きく変え、健康果実としてのイメージと相まって関心を高めていくことができるのである。

完熟プルーンのおいしさ、健康的なイメージ、プルーンを収穫することによる自然とのふれあいなどをアピールできることが、観光果樹園としてプルーン栽培に取り組むメリットであり、経営的にも大きく期待できる方法と考えられる。

観光果樹園としてプルーン栽培に取り組む場合は、リンゴなどの他の果樹品目と組み合わせた経営形態が望ましい。プルーンの収穫期は七月から九月までに限られる。たとえばこれをリンゴと組み合わせると、園としての収穫期は十一月まで延長し、開園期間の長期化をはかることができる。また、労力の分散にもなる。

第2章 特性を生かし上手に取り組む

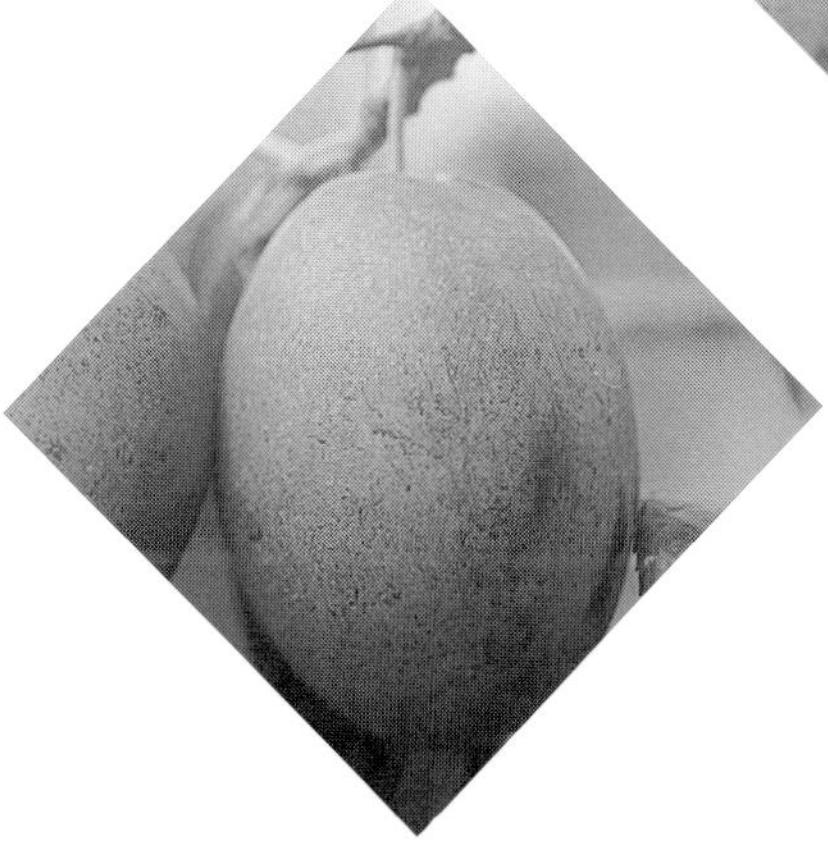

1．プルーンとは

(1) 分類

プルーンはバラ科サクラ属のスモモ亜属に属する果樹である。スモモは原産地によってユーラシア系、東アジア系、北アメリカ系の三タイプに分類されるが（表2―1）、欧米ではこのうちユーラシア系のドメスチカスモモに属する系統をプルーンとよんでいる。ヨーロッパスモモ、あるいはドメスチカタイプスモモということもある。

欧米ではさらにヨーロッパスモモ（ドメスチカタイプスモモ）を、果実の外観や用途の違いから五つのグループに分類し（表2―2）、高糖度で乾果用に適する品種群をプルーンという場合があるが、一般にはドメスチカスモモ全体をプルーンとよぶことが多い。日本ではニホンスモモ（李）が多く栽培され、ヨーロッパスモモのプルーンと区別してプラムとよんでいる。

プルーンの染色体数は六倍体（2n＝48）で、二倍体のミロバランスモモ（2n＝16）と四倍体のスピノーサスモモ（2n＝32）との自然交雑種と考えられている。近縁種のインシチチアスモモとともに品種改良されて発達した（図2―1）。

表2-1　スモモの分類（吉田より一部改変）

Ⅰ	ユーラシア系（Eurasian species）	
	1. *Prunus domestica* L.	ドメスチカスモモ（ヨーロッパスモモ）
	2. *Prunus insititia* L.	インシチチアスモモ
	3. *Prunus cerasifera* Ehrh.	ミロバランスモモ
Ⅱ	東アジア系（Oriental species）	
	4. *Prunus salicina* Lindl.	ニホンスモモ
	5. *Prunus simonii* Carr.	サイモンスモモ
Ⅲ	北アメリカ系（American species）	
	6. *Prunus Americana* Marsh.	アメリカスモモ
	7. *Prunus hortulana* Bailey	ホーチュラナスモモ
		ほか，多数

表2-2　ドメスチカスモモ品種の系統分類（吉田より一部改変）

系統群	特性	代表品種
1. プルーン	果形は楕円形～紡錘形，果皮は赤～紫色，甘み多，果汁少，肉質密，乾果に適する	フレンチ，シュガー，イタリアン
2. レイネクロード（グリーンゲージ）	果形は円形～卵形，果皮は黄緑色か淡赤色，缶詰に適する	レイネクロード，レイネグリーンゲージ，ワシントン
3. イエローエッグ	大果，果形は卵形，果皮は黄色，肉質柔軟で多汁，品質やや不良，生食または缶詰用	イエローエッグ，ゴールデンドロップ
4. インペラトリス（ブループラム）	中～大果，果形は卵形，果皮は青～紫色，果肉締まる，果汁多，生食用	トレジディ，エンプレス，プレジデント
5. ロンバート	小果，果形は倒卵形，果皮は赤色，加工用	ロンバート，ビクトリア

注　欧米では上の表の1に属する品種をとくに乾果に適すということで，プルーンという場合もあるが，一般には，1～5全体をプルーンと総称している。

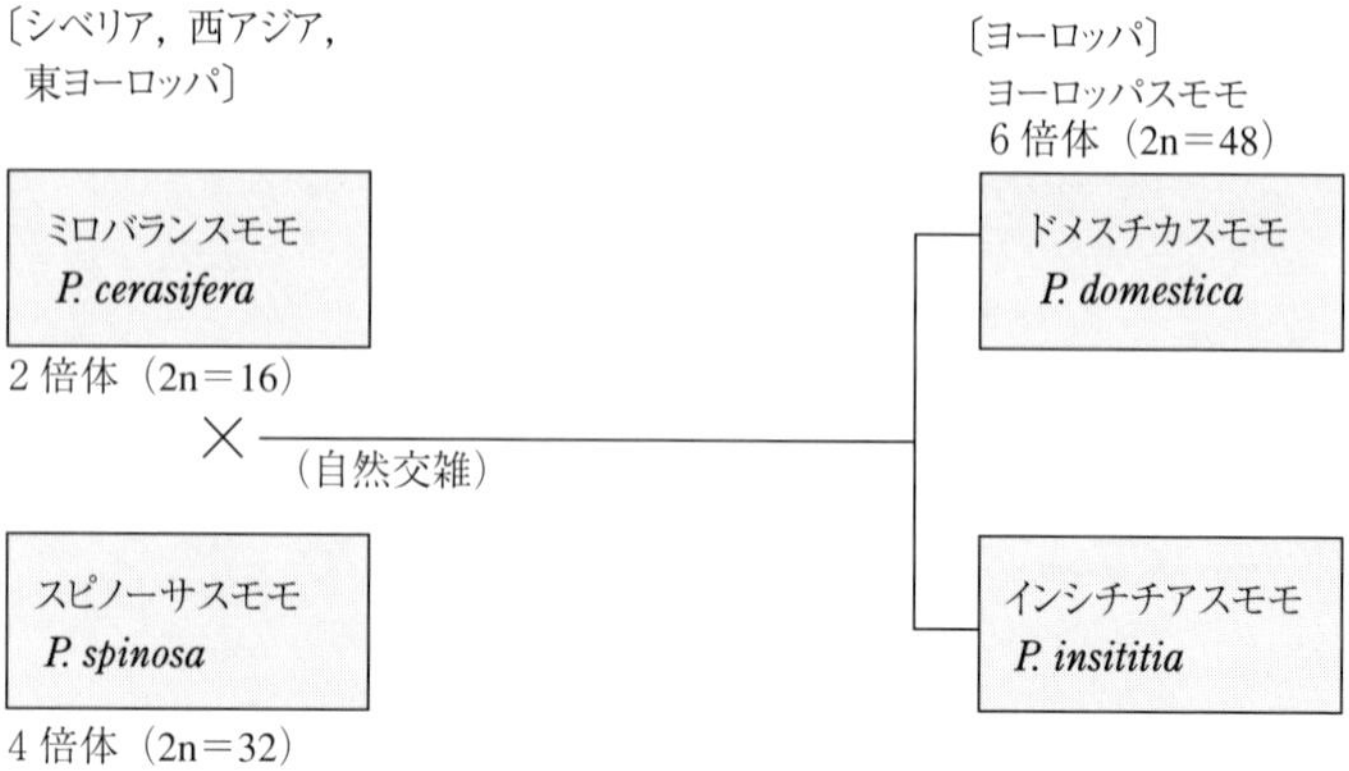

図2-1　ドメスチカ スモモの誕生（吉田より一部改変）

プルーンの原産地は、アジア西部のカスピ海と黒海にはさまれたコーカサス地方といわれているが、明確ではない。原産地からバルカン半島や地中海沿岸諸国に伝播し、その後、世界各国で栽培されるようになった。しかし栽培の歴史は二〇〇〇年ほどで、四〇〇〇年ほど前から栽培されたリンゴやセイヨウナシと比べると比較的歴史の浅い果樹である。

(2) 適地と栽培分布

プルーンは乾燥気候を好み、夏に雨の少ないアジア西部からヨーロッパ南部やアメリカ西海岸の地中海性気候の地域が適している。ルーマニア、旧ユーゴスラビア、ブルガリア、ハンガリー、旧ソ連などの東欧圏やドイツ、フランス、イタリア、スペインなどのヨーロッパ諸国、アメリカなどで広く栽培されている。

プルーン栽培は、地中海沿岸地方で乾果生産を目的として発達し、乾果は干しブドウとともに貯蔵食品として欧米を中心に利用されてきた。

アメリカでは、ヨーロッパから多数のプルーン品種が導入され、西部のカリフォルニア州を中心に品種改良が行なわれた。現在、アメリカにおけるスモモ栽培面積の四分の三は乾果用のプルーン生産が占めており、約一八万トンの乾果プルーンが生産されて、そのうち二万トンをこす量が日本向けに輸出されている。

(3)　わが国では雨の少ない東日本で定着

わが国へのプルーンの伝達や栽培の歴史は明確でないが、明治時代初期にヨーロッパやアメリカから「イエローエッグ」や「グリーンゲージ」など八品種が導入されて栽培が始まったと考えられている。

導入されたプルーンの八品種は国内の各地で試作されたものの、夏季の高温多雨の気象条件によって、裂果や病害の発生が大きな問題となった。とくに収穫時期に雨の多い西日本では果実の腐敗や裂果などが発生して栽培がむずかしく、普及にはいたらなかった。生育期間中に比較的雨の少ない東日本の一部地域で定着したが、昭和三十年代までは自家用として庭先や果樹園の片隅に植えられていた程度で本格的な普及はなされなかった。

現在全国一の生産県である長野県で本格的な栽培が始まったのは、昭和四十五年ころである。当時、

表2-3　主要産県の栽培面積，生産量（1999年度）

県　名	栽培面積 (ha)	生産量 (t)	おもな品種
北海道	52.9	377.4	サンプルーン
青森	104.8	259.2	サンプルーン，シュガー
岩手	6.2	12.8	サンプルーン，シュガー
山形	17.4	86.5	プレジデント，パープルアイ
福島	7.3	27.2	サンプルーン，プレジデント，スタンレイ
山梨	24.8	110.7	スタンレイ，シュガー，グランドプライズ
長野	285.0	2,380.0	サンプルーン，スタンレイ，グランドプライズ
広島	3.6	17.0	サンプルーン
全国計	523.9	3,330.3	サンプルーン，スタンレイ

米の生産調整対策にともなって、水田転作用の作物としてプルーンが導入され、佐久地方を中心に栽培が広まった。昭和五十年代にはいると、プルーンが健康食品として注目され始め、それに呼応するように全国各地に栽培が広がり、本格的にプルーン栽培が普及し始めた。

国内の主産地は長野県であるが、北海道、青森、岩手、山形、福島、山梨、広島などの県で栽培が行なわれている。また近年、第1章でも述べたように健康食品や機能性食品としてのプルーンが注目され、栽培は西日本にも広がりつつある。

平成十一年の全国の栽培面積は五二四ヘクタール、生産量は三三三〇トンであり（表2―3）、そのうち長野県の全国シェアは七割をこえている。その要因としては、栽培の取り組みが早かったこと、収穫期の八～九月に雨が少ない気象条件がプルーン栽培に適していること、などがあげられる。

(4)　二〇〇一年から生食用プルーンの輸入が解禁

日本におけるプルーン栽培は、もともと生食用果実の生産を目的として取り組まれてきた。その間、外国から生食用のプルーン果実が輸入されることもなかった。しかし、アメリカ・カリフォルニア産の生食用プルーンの輸入が二〇〇一年から解禁となり、ダジェン種（日本での品種名は「フレンチ」）が輸入されるようになった。アメリカでは現在、約五〇〇〇トンの生食用プルーンの生産がある。

輸入されるアメリカ産のプルーン生果実は、国産果実と比較して小売価格が同等ないしは割高であるうえ、果実の品質にばらつきが大きいなどの問題があるため、国産果実への大きな影響を与えるものとはなっていない。しかしながら、アメリカにおけるプルーンの生産量は多く、品質のよい果実の量が多いだけに、今後の輸入動向に注目する必要があると考えられる。

2.　生育の特性と栽培の条件

(1)　雨に弱く、果実が裂果しやすい―できれば雨よけ施設で

プルーンの果実は、成熟期になると果面に微細な亀裂が多くなり、糖度の上昇にともなって果実内

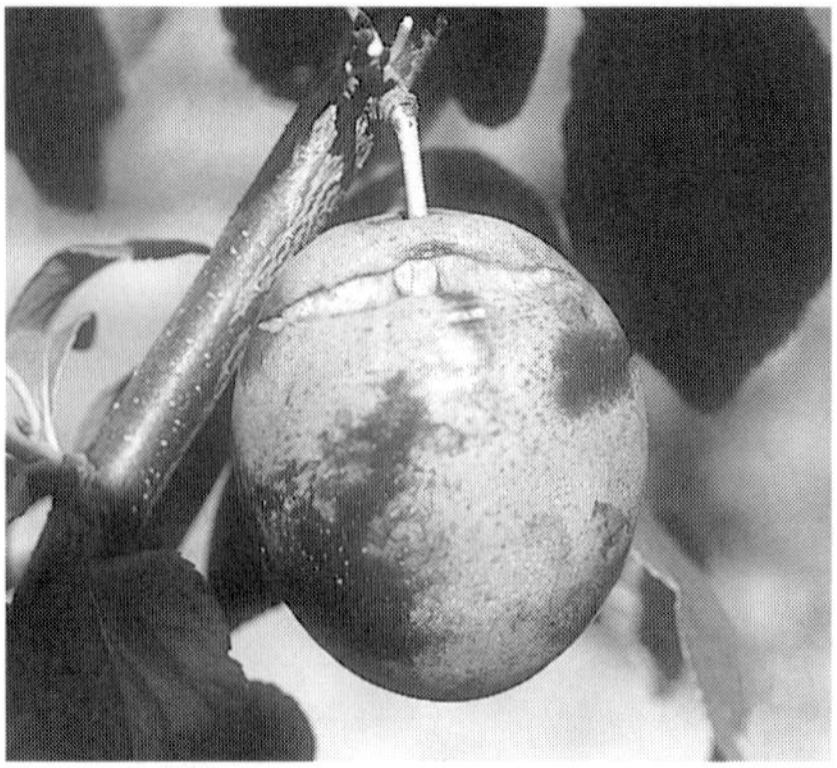

図2-2　成熟期に降雨が多いと裂果が発生する（品種「プレジデント」）

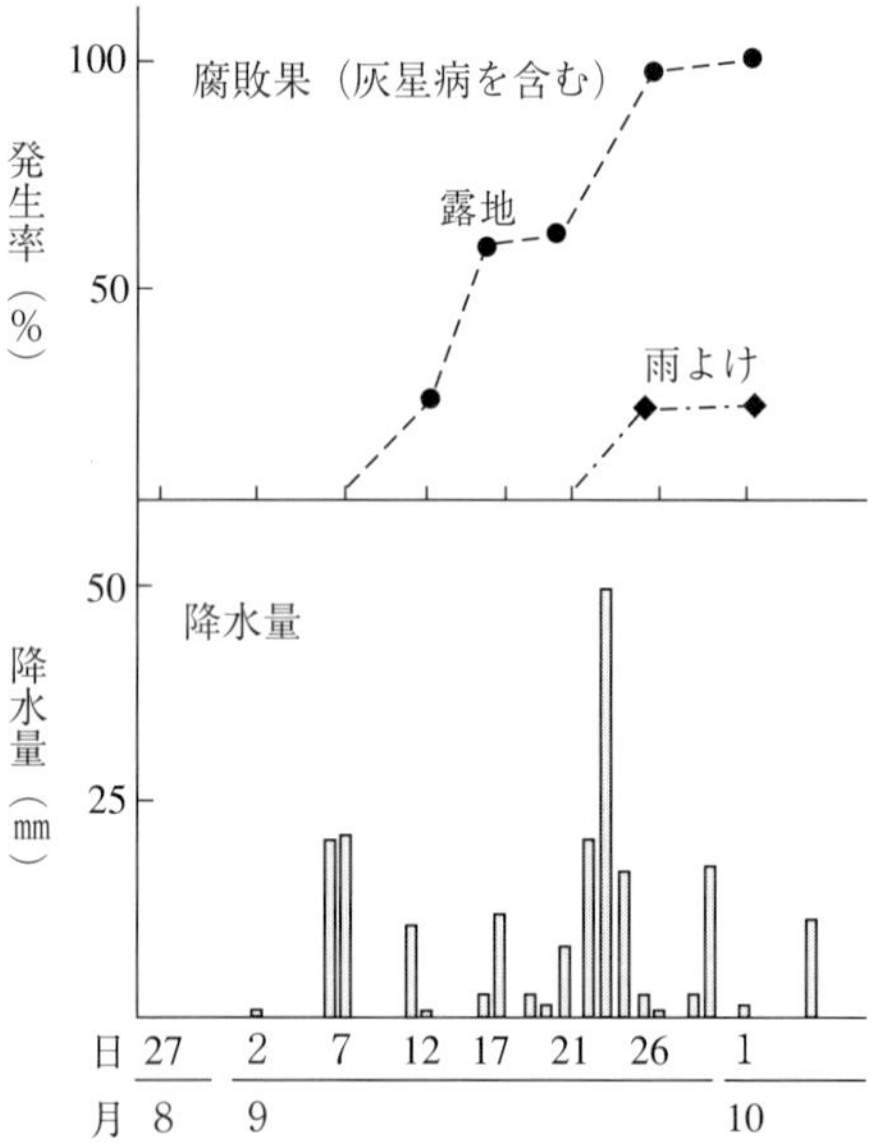

図2-3　「スタンレイ」の収穫期の降水量と貯蔵中の腐敗果の発生（長野果試，1985）

の浸透圧が高まる特徴がある。わが国のように雨が多い気象条件下では成熟期に雨があると、水分を果面から吸水して膨張し、組織的に弱い部分を起点にして裂果の発生が問題になる。裂果の発生は果面吸水以外にも、根からの吸水、土壌水分の激変、弱樹勢樹などの要因によっても助長される。

裂果の発生は品種間で異なり、発生が多い品種には「スタンレイ」「グランドプライズ」「プレジデント」（図2―2）、発生しにくい品種として「ベイラー」などがある（品種については四一ページを参照)。また、成熟期の違いによっても発生程度が異なり、一般的に晩生種は早生種に比べて裂果の発生が多い。この理由としては、晩生種の長い成熟期間中に果面障害を生じやすいこと、成熟期に降雨が多いことなどが考えられる。

裂果を防ぐには、雨よけ施設を利用して果実に雨をかけず、土壌水分を一定に保つことがもっとも効果的である。また、雨よけ施設を用いると、生育中から収穫後にかけての腐敗果の発生を軽減できるため、完熟果の収穫が可能となる(図2―3)。しかし、果実の裂果には、果面吸水以外の要因も関係するため、雨よけ施設とともに、土壌の物理性の改善、土壌水分のコントロール、適正着果などの管理もあわせて実施することが重要である。

(2) 果実は成熟直前に急速に肥大―養分効率を高めるために徒長枝を防ぐ

プルーンの長野県での開花期は、四月下旬から五月上旬である。開花期から成熟期までの日数は、「オパール」や「サンタス」などの早生種で九〇日前後、晩生種の「プレジデント」で約一五〇日と品種による差がある。

こうした生育期間のなかで、プルーンの果実肥大はモモと同様の二重S字曲線を示す。長野県の須坂市(標高三五〇メートル)の例でいえば、六月上旬まで肥大し続けた果実は、六月中旬から硬核期にはいるためいったん肥大が停滞し、七月からふたたび肥大し始めて、成熟前に急増する。晩生種の

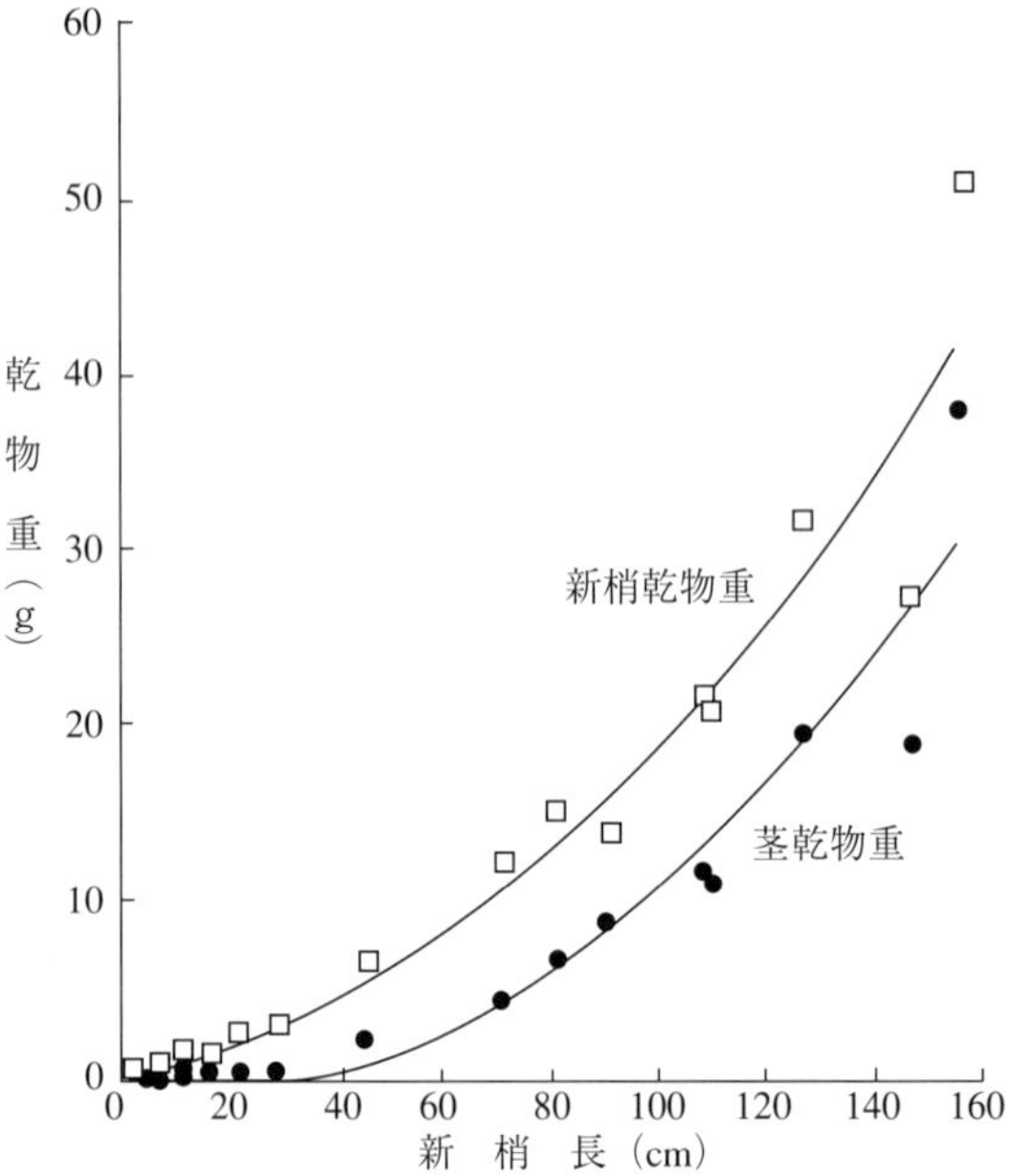

図2-4　「サンプルーン」における新梢長と新梢乾物重，茎乾物重の関係（倉橋，1990）

場合は、胚の発育が旺盛になる硬核期の期間が早生種より長くなるため、七月下旬まで停滞し、その後急速に増加する。

一方、図2—4は「サンプルーン」の新梢の長さと新梢・茎の乾物重との関係を示したものだが、これを見るとわかるように、新梢と茎乾物重は二次曲線を描いて増加するため、新梢長が長くなればなるほど乾物重が急増する。つまり、伸長停止期が遅い徒長的な枝では、養分はおもに枝葉の発達のために使われて、果実への分配量が減少する。逆に短果枝は伸長停止が早いので、葉でつくられる養分を多く果実へ分配することができる。

果実が成熟直前に急に肥大するプルーンでは養分効率を高め、果実肥大を順調にするために、徒長

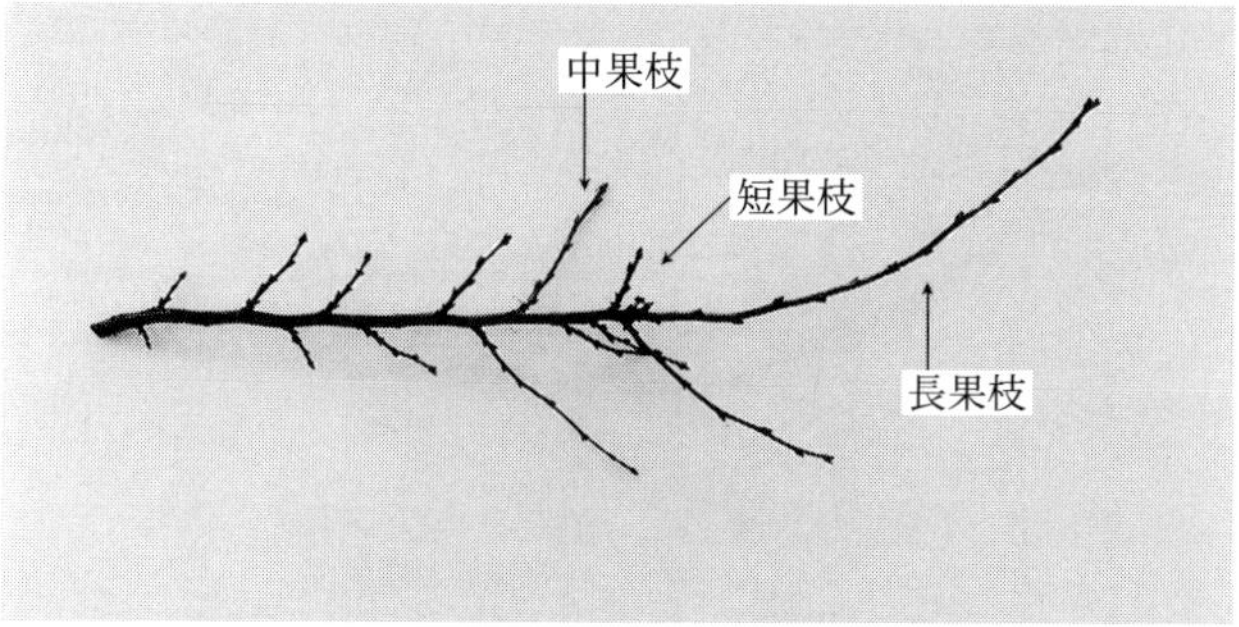

図2-5　プルーンの結果枝（品種「サンタス」）

枝をなるべくつくらないようにし、強く伸びる新梢には誘引やねん枝を実施して、伸長量を抑える夏季管理が重要である。

(3)　前年伸びた枝に果実がなる—短果枝つくりがポイント

プルーンの結果習性は、同じ核果類であるモモやスモモと同様で、前年伸びた枝の腋芽が花芽になりやすい。腋芽は花芽と葉芽に区別され、頂芽は葉芽となる。芽には単芽と複芽があり、単芽は花芽か葉芽のいずれか、二芽の複芽は、葉芽と花芽が一個ずつか、すべて花芽で、三芽の複芽は中央が葉芽で両側が花芽か、すべて花芽となる。個々の花芽は純正花芽とよばれ、花のみが咲いて、花芽から葉や枝が発生しないことが特徴である。

プルーンの花芽の分化期は、八月上旬に始まる。花芽分化を抑制する条件としては、日照不足、排水不良による木の衰弱、チッソ肥料の多用、肥料の遅効きなどが関係する。

花芽の着生する結果枝は長さにより、短・中・長果枝に区分されるが、花芽は短果枝（とくに花束状短果枝とよばれる短い枝）に多く着生する（図2—5）。短果枝はまた、前述したように養分効率のよい枝でもあり、プルーンではこの短果枝を上手につくることがポイントになる。

(4) 結実確保には受粉樹が必要—開花期の早晩に注意

プルーンには、自家和合性と自家不和合性の品種がある。「スタンレイ」「シュガー」などの自家和合性品種は単植でも結実は安定するが、「トレジディ」「ベイラー」「プレジデント」などの自家不和合性品種は、受粉樹（ほかの品種）を混植して結実確保を図る必要がある。

受粉樹として植える品種は、交雑した場合の結実率が三〇％以上の品種を選択する必要がある（表2—4）。受粉樹の混植割合は二〇～三〇％をめやすとする。

また、プルーンの品種では、開花の早い「シュガー」や「トレジディ」と開花の遅い「サンプルーン」との間に約一週間の差があるため、受粉樹を導入する場合には開花期の近い品種を選ぶ必要がある。

とくに、自家不和合性品種の「トレジディ」は開花が早いため、結実不良が問題となりやすい（図2—6）。「トレジディ」の受粉樹には、開花期が近く、交雑和合性の高い「シュガー」が適する。

表2-4　プルーンの交雑和合性（長野果試，1995）

♂ ＼ ♀	ローブドサージェン	プレジデント	トレジディ	グランドプライズ	コウステンディル	ハンガリアン	ベイラー	スタンレイ	シュガー	アーリーリバー	フレンチ
ローブドサージェン	×	○	△	×	△	−	−	−	◎	○	−
プレジデント	◎	×	◎	○	◎	−	△	◎	◎	◎	−
トレジディ	○	○	×	△	△	−	△	−	○	○	−
グランドプライズ	×	△	○	×	△	△	△	○	○	◎	△
コウステンディル	△	△	△	△	×	−	△	−	○	△	−
ハンガリアン	◎	◎	−	◎	△	×	◎	○	◎	○	○
ベイラー	○	○	◎	○	−	−	×	◎	◎	◎	−
スタンレイ	◎	◎	△	◎	−	△	◎	○	◎	◎	−

注　結実率　×：5％未満　△：5〜30％未満　○：30〜50％未満
◎：50％以上　−：未調査または再試験中

図2-6　「トレジディ」の結実不良　自家不和合性品種は，受粉樹が適切でないと結実不足になる。

(5) 生理的落果は少ない—摘果は早めに行ない果実品質をそろえる

プルーンの生理的落果は、大きく分けて三回発生する。花芽の充実不良や春先の低温などによる花器の障害が原因で発生する開花直後の落果、不受精による落果、梅雨期（硬核期）に発生するジューンドロップである。

とくに問題となるのは、不受精による落果で、開花期に天候不順や低温によって訪花昆虫の飛来が少ない場合は、受精が完成せずに開花後二〜四週間後に落果することが多い。また、自家不和合性品種の場合は、受粉樹の選択が適切でない場合に落果し、着果量不足となることが多い。しかし結実してしまえば、胚の発育不良や死滅などの要因によって落果することは比較的少ない。

図2-7　自家和合性品種は着果過多になりやすい
（品種「スタンレイ」）

プルーンは、摘果をせずに栽培できると考える人が多いが、摘果をしないと着果過多となり、良品生産ができない。自家和合性品種の「スタンレイ」や「シュガー」では、着果過多によって小果となり、樹勢も衰弱しやすい（図2—7）。摘果による着果調節は、良品生産、樹体衰弱防止、および隔年結果を防ぐなど、プルーンの安定生産のために欠かせない基本的な作業である。

(6)　着色先行の成熟―収穫適期は外見に頼らない

プルーンでは、成熟の進行にともなって、黒紫色や紅紫色など品種固有の色へと変化し、果肉が可食状態となる前に着色が始まる（「スタンレイ」では成熟の四〇～五〇日前に始まり、成熟期には全面が黒紫色となる）。さらに、果粉（ブルーム）が果面を覆うようにして発達するため、外観による未熟果と適熟果との区別がむずかしくなる。このため、着色にまどわされて未熟果を収穫してしまい、問題となることがある。

図2-8　「スタンレイ」の成熟果（右はブルームを取り除いた状態）

プルーンの未熟果は食味がわるいため、完熟果実を適期収穫することが必要である。収穫は外観だけに頼らず、満開後の日数を基準とし、試しどりにより糖度、酸度、食味などを確認してから始める。

プルーンの各品種は、乾果として加工することを主目的として育成されたものであるため、一般に果汁が少なく、完熟した果実も日もち性が優れるものが多い。成熟期に雨の多い国内では、雨よけ栽培を行なうことによって、完熟した食味の優れる果実の収穫が可能となる（図2―8）。

(7) 木の経済寿命は二〇年程度―計画密植で早期多収を

プルーンは、ヤニ症とよばれる樹脂症（一四一ページ参照）の発生が多いことが問題である。この症状は枝幹から樹脂が漏出するもので、主幹の基部や主枝に赤褐色の腐敗部が広がって、枯死することが多い。この症状の原因は明確でなく、チッソ過多、強せん定、土壌の排水不良、凍寒害、ならびにコスカシバなどの害虫が発生に関係すると考えられている。一般的には成木で発生が多く見られるが、幼木に発生することもある。

健全に生育できるプルーン樹の経済寿命は、二〇年程度と考えられるが、樹脂症の発生が多くなり衰弱して収量が低下するような園地であれば、早めに改植を考える必要がある。改植園では計画密植を行ない、早期多収をねらうことが望ましい。

3. 品種の選択と経営タイプ別の品種の組み合わせ

現在、国内で栽培されているプルーンの品種は多く、苗木業者のカタログを見てもさまざまな品種が販売されている。品種の選択は、栽培の目的による経営タイプ（プルーンを主体とするのか、他果樹との複合経営なのか、市場出荷なのか、観光園とするのかなど）を考慮して、決めることが必要となる。

ここでは長野県で栽培されている代表的な品種について、早生種、中生種、ならびに晩生種の三グループに分けて個々の特性と、それぞれの経営タイプにあった品種の選び方について紹介する。

(1)　おもな品種の特性（表2―5）

a．早生種（図2―9）

■アーリーリバー

一八二〇年代にイギリスのリバース氏が「プレコースドツール」の自然交雑実生から選抜して、一八三四年に発表した古い品種である。

長野県（須坂市〈標高三五〇メートル〉を基準とする、以下同）では、果実の成熟期が七月下旬である。果実は三〇グラム前後で果形は円形、果皮は黒紫色である。果肉は濃黄色で糖度は屈折計示度（Brix）で一四％前後、酸度（pHメーター示度）は三・五程度で、酸味がやや強い。果汁は多い。核は離核である。裂果の発生は少ない。

樹勢はやや強く、若木時代にやや直立するが、成木になるにしたがい開張した樹姿となる。結果枝となる短果枝の着生は多く、枝のはげ上がり（芽の少ない部分）は少ない。開花期は早くも遅くもな

表2-5　おもなプルーン品種の特性

	品種名	収穫期(月,旬)	果実 果実重(g)	果形	果皮着色	果肉色	品質	核と果肉の粘離	自家結実性
早生種	アーリーリバー	7下	30	円	黒紫	濃黄	中	離	○
	オパール	7下	40	短楕円	紅紫	黄	中	半離	△
	サンタス	7下	40～50	円～短楕円	黒紫	黄	中下	半離	△
	ツアー	8上	35	円	黒紫	濃黄	中	離	○
中生種	トレジディ	8上・中	40～50	短楕円	黒紫	黄褐	中上	半粘	×
	チェーアン	8上・中	40～50	短楕円	黒紫	黄褐	中上	半粘	×
	プチュール	8中・下	50～60	円	黒紫	黄緑	中	離	×
	シュガー	8下	50～60	短楕円	紅紫～濃茶	黄褐	上	粘	○
	グランドプライズ	8下	60～80	楕円	黒紫	黄褐	中下	離	×
	ベルロウベン	8下～9上	80～90	短楕円	黒紫	黄褐	中	半離	－
	パープルアイ	8下～9上	80～100	円～短楕円	紅紫	黄褐	中上	半離	×
	ローブドサージェン	8下～9上	40～50	短楕円	暗灰褐	黄緑	上	離	×
	エドワーズ	9上・中	90～100	短楕円	黒紫	黄褐	中	半粘	×
	くらしまプルーン	9上・中	50～70	楕円	黒紫	黄褐	中	離	×
晩生種	スタンレイ	9中	50	楕円	青紫～黒紫	黄緑～黄褐	中	離	○
	ベイラー	9中	50～60	楕円	黒紫	黄緑	上	離	×
	フレンチ	9中	30	倒卵円	紅紫	黄褐	中上	離	○
	サンプルーン	9中・下	30	短楕円	黒紫	黄褐	上	離	○
	ジャイアント	9中・下	70～80	倒卵円	紅紫	黄褐	中	半離	－
	プレジデント	9下	80～100	楕円	紅紫～紫	黄	中上	離	×

注　収穫期は長野県須坂市を基準。品質は，上，中上，中，中下，下の5段階評価。

く、自家和合性のため毎年安定した結実量が得られる豊産性の品種である。

■オパール

スウェーデンのアルナープ園芸試験場が「オーリンズゲージ」に「アーリーフェボリット」を交配して育成した品種である。

長野県では、果実の成熟期が七月下旬である。果実は四〇グラム前後で果形は短楕円形、果皮は紅紫色となる。果肉は黄色で、糖度は一六％前後、酸度は三・八程度で、酸味はやや弱い。果汁が多く、食味のよい早生種である。核は半離核である。裂果の発生は少ない。

樹勢はやや強く、若木時代はやや直立するが、成木になるにしたがい開張した樹姿となる。短果枝の着生は比較的良好で、枝のはげ上がりは少ない。開花期は早くも遅くもない。自家結実率が低いため、結実確保のために受粉樹が必要である。

■サンタス

ベルギーのスワーツ氏が「マタードロローザ」に「アーリーリバー」を交配して育成し、一九六六年に発表した品種である。

長野県では、果実の成熟期が七月下旬である。果実は四〇～五〇グラムで果形は円形から短楕円形、果皮は黒紫色である。果肉は黄色で糖度は一六％前後、酸度は三・五程度で、酸味をやや強く感じる。果汁が多く、渋味や酸味が抜けにくいため、食味は早生種のなかではやや劣る。核は半離核である。

図2-9　おもな早生種
上からアーリーリバー，オパール，サンタス，ツアー

裂果の発生は少ない。

樹勢は中程度で、若木時代はやや直立するが、成木になるにしたがい開張した樹姿となる。短果枝の着生は比較的良好で、枝のはげ上がりは少ない。開花期は早くも遅くもない。自家結実率が低いため、結実確保のために受粉樹が必要である。

■ツアー

イギリスのリバース氏が「プリンスイングルバート」に「アーリーリバー」を交配して育成した品種である。

長野県では、果実の成熟期が八月上旬である。果実は三五グラム前後で果形は円形、果皮は黒紫色である。果肉は濃黄色で、糖度は一四～一五％、酸度は四・〇程度で、酸味は弱めである。果汁の量は中程度である。核は離核である。裂果の発生は少ない。

樹勢は中程度で、樹姿は直立しやすい。短果枝の着生はやや少ないが、枝のはげ上がりは多くない。開花期は遅い。自家和合性のため、毎年安定した結実量が得られる豊産性の品種である。

b．中生種（図2―10）

■トレジディ

一八七〇年代にアメリカのラニオン氏が「ジャーマンプルーン」と「デュエインパープル」の混植園の偶発実生として発見した品種である。

長野県では、果実の成熟期が八月上・中旬である。果実は四〇～五〇グラムで果形は短楕円形、果皮は黒紫色となる。果肉は黄褐色で糖度は一六％前後、酸度は三・七程度で、酸味はそれほど強くない。果汁が多く、中生種のなかでは食味のよい品種である。核は半粘核である。裂果の発生は少ない。

樹勢はやや強く、樹姿は開張しやすい。短果枝の着生は比較的良好で、枝のはげ上がりが少ない。開花期は早い。自家不和合性のため受粉樹が必要であるが、開花期がほかの品種より早いため、適切な受粉樹が少なく、結実確保が問題である。「シュガー」は開花期が同時期で、交雑和合性が高いため

「トレジディ」の受粉樹として適当である。

■シュガー

一八八九年にアメリカのバーバンク氏が「エージェン」の実生から選抜した品種である。

長野県では、果実の成熟期が八月下旬である。果実は五〇～六〇グラムで果形は短楕円形、果皮は紅紫色となり、熟度が進むにしたがい濃茶色となる。果肉は黄褐色で糖度は一八％前後、酸度は三・八程度で、酸味はやや弱く感じる。果汁が多く、中生種のなかでは濃厚で、優れた食味となる。核は粘核である。裂果は成熟期に降雨があると発生する。長野県におけるシュガーの成熟期には降雨が比較的少ないため、裂果の発生は問題になりにくい。

樹勢がやや強く、若木時代はやや直立するが、成木になるにしたがい開張する樹姿となる。短果枝の着生はやや多く、枝のはげ上がりが少ない。開花期は早い。自家和合性のため結実はよい。

■ローブドサージェン

フランス原産。「サージェン」から選抜された品種といわれているが、不明な点も多い。

長野県では、果実の成熟期が八月下旬から九月上旬である。果実は四〇～五〇グラムで果形は短楕円形、果皮は暗灰褐色となる。果肉は黄緑色で糖度は二〇％前後と高く、酸度は三・七程度で、酸味は感じるがそれほど強くはない。果汁が多く、中生種のなかでは濃厚な食味のよい品種である。核は離核である。裂果の発生は比較的少ない。

樹勢が強く、若木時代は直立性であるが、成木になるにしたがい開張した樹姿となる。結果枝の着生は比較的良好で、枝のはげ上がりが少ない。開花期は比較的早い。自家不和合性のため受粉樹が必要である。

■くらしまプルーン

長野県長野市の倉島貞子氏が「ローブドサージェン」と「プレジデント」を交配して育成した品種である。

長野県では、果実の成熟期が九月上・中旬である。果実は五〇～七〇グラムで果形は楕円形、果皮

図2-10　おもな中生種
上からトレジディ，シュガー，ローブドサージェン，くらしまプルーン

は黒紫色となる。果肉は黄褐色で糖度は一五～一六％、酸度は三・七程度で、酸味は感じるがそれほど強くはない。果汁が多く、中生種のなかでは中程度の食味である。核は離核である。裂果の発生は少ない。

樹勢はやや強く、若木時代はやや直立するが、成木になるにしたがい開張した樹姿となる。短果枝の着生はやや多く、枝のはげ上がりは少ない。開花期は早くも遅くもない。自家不和合性のため受粉樹が必要である。

c. 晩生種（図2—11）

■スタンレイ

アメリカのニューヨーク州立農試において一九二六年に「エージェン」と「グランドデューク」の交雑により育成された品種である。

長野県では、果実の成熟期が九月中旬である。果実は五〇グラム前後で果形は楕円形、果皮は青紫色から黒紫色となる。果肉は黄緑色から熟度が進むと黄褐色となる。糖度は一四％前後、酸度は三・五程度で、酸味はやや強く感じる。果汁が多く、食味は中程度である。着色が早いため収穫期の判定がむずかしく、未熟果を収穫すると酸味と渋味が強く、食味が劣る。核は離核である。裂果は成熟期の降雨により多発する。

若木時代は樹勢が強いが、結実すると落ち着きやすく、樹姿は開張しやすい。短果枝の着生は良好であり、枝のはげ上がりは少ない。開花期は早くも遅くもない。自家和合性のため結実はよく、若木のうちから豊産性である。

■ベイラー

カナダのオンタリオ州園芸研究所バインランド試験場が「インペリアルエピネウス」と「グランドデューク」を交配して育成した品種である。

長野県では、果実の成熟期が九月中旬である。果実は五〇～六〇グラムで果形は楕円形、果皮は黒紫色となるが、葉陰による着色むらが生じることがある。果肉は黄緑色で糖度は一八％前後、酸度は三・八程度で、酸味はやや弱く感じる。果汁が多く、濃厚な食味で味がよい。核は離核である。裂果は成熟期の降雨により発生し、果こう部に小ヒビ状に発生することが特徴である。

樹勢は中程度で、若木時代はやや直立するが、成木になるにしたがい開張した樹姿となる。中短果枝の発生が多く、枝のはげ上がりは少ない。花芽の着生は中程度で、新梢基部から中央部にかけて着生する。開花期は早くも遅くもない。自家不和合性のため受粉樹が必要である。

■サンプルーン

来歴は不詳。一九六〇年代前半ころに長野県南佐久郡臼田町において選抜された品種である。明治以降に長野県に導入された品種の実生と予想される。昭和五十四年に、長野県と長野県経済連（現J

図2-11　おもな晩生種
上からスタンレイ，ベイラー，
サンプルーン，プレジデント

A全農長野）および生産者代表によって協議して、「サンプルーン」の名称が決められた。

長野県では、果実の成熟期が九月中・下旬である。果実は三〇グラム程度で果形は短楕円形、果皮は黒紫色となる。果肉は黄褐色で糖度は一八％前後、酸度は三・七程度で、酸味はそれほど強くない。果汁が多く、食味はよい。核は離核である。裂果は成熟期に降雨があった場合に発生する。

樹勢は強く、直立した樹姿となる。結果枝の着生は中程度であるが、側枝基部のはげ上がりが多い。開花期は遅い。自家和合性のため結実はよい。

■プレジデント

来歴は不詳。アメリカ・カリフォルニア州のリベロ氏によって発表された品種である。

長野県では、果実の成熟期が九月下旬である。果実は八〇～一〇〇グラムと大きく、果形は楕円形、果皮は紅紫色から紫色となる。果肉は黄色で、糖度は一八％前後、酸度は三・五程度で、酸味はやや強く感じる。果汁が多く、やや酸味が強いが、完熟果の食味は良好である。核は離核である。裂果の発生は成熟期の降雨により多発する。

樹勢は強く、直立性の樹姿である。短果枝の着生はやや不良で、枝のはげ上がりが多い。開花期は早くも遅くもない。自家不和合性のため受粉樹が必要である。

(2) 市場出荷中心の場合

市場出荷を目的としたプルーンの経営では、複数の品種を組み合わせて早生種から晩生種までとぎれることなく出荷できることが望ましい。これは、販売期間を長くするためと、収穫・出荷の労力分散をはかるうえで、どうしても必要な対応である。早生種、中生種、ならびに晩生種からそれぞれ二～三品種ずつ選んで組み合わせて栽植することが望ましい。

長野県における品種の組み合わせ例としては、早生種では「アーリーリバー」「オパール」「ツアー」など、中生種では「トレジディ」「シュガー」「ローブドサージェン」など、晩生種では「サンプルー

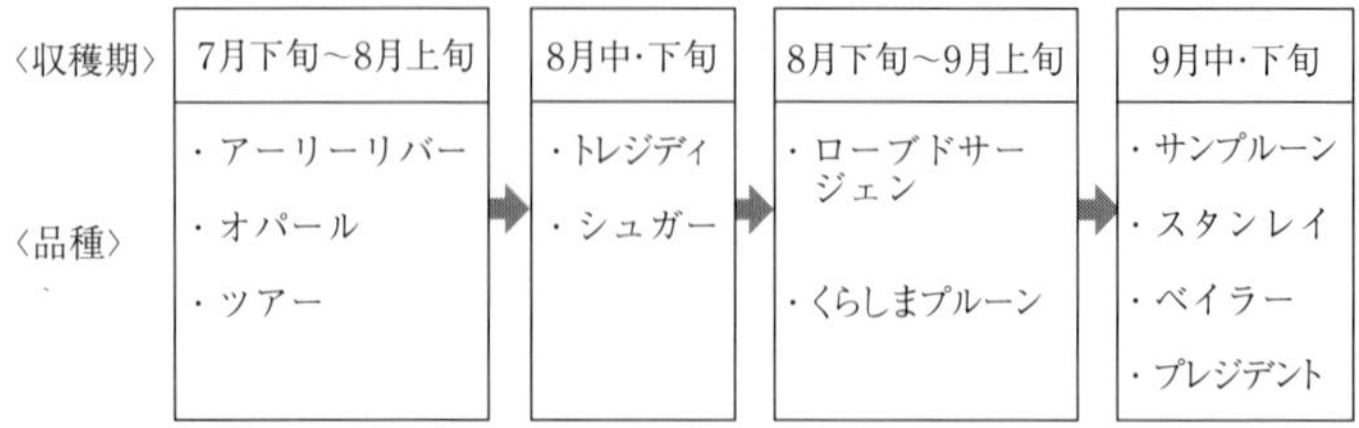

〈収穫期〉	7月下旬〜8月上旬	8月中・下旬	8月下旬〜9月上旬	9月中・下旬
〈品種〉	・アーリーリバー ・オパール ・ツアー	・トレジディ ・シュガー	・ロープドサージェン ・くらしまプルーン	・サンプルーン ・スタンレイ ・ベイラー ・プレジデント

図2-12　品種構成の一例（長野県）

ン」「スタンレイ」「ベイラー」「プレジデント」などから選択して用いている（図２―12）。

(3)　観光園、直売、地元消費の場合

観光園としてプルーンを栽培する場合は、来客者の集中する時期を考慮した品種の選択と組み合わせが重要になる。たとえば夏休みにターゲットをしぼり、八月上～下旬に来客者を受け入れるのであれば、その時期に収穫できる数品種を集中的に導入すればよい。たとえば「ツアー」「トレジディ」「シュガー」などである。

一方、長期間、来客者を受け入れようというのであれば、多数の品種をそろえておく必要がある。市場出荷の場合と同じように、数品種を組み合わせて、収穫期が切れめなく継続するように配慮する必要がある。

また観光園や直売所でのプルーン経営を考えた場合、食味の優れる完熟果実を提供することが重要なポイントである。この観点からすると、完熟果実の味が生食用として優れる品種を選ぶことが重要となる。

たとえば、「オパール」「ローブドサージェン」などは外観の点から市場

ではあまり評価されないが、完熟したさいには食味のよい品種である。また、小ぶりで濃厚な食味だが裂果しやすい「フレンチ」は、雨よけ施設で栽培して「一口サイズ」として展開するのもおもしろい。

また、観光園の性格上、来客者のもぎとりなどを想定すると、収穫期に裂果や果実腐敗性病害の発生が少ない品種の選択（「くらしまプルーン」など）も重要な要素となる。早めに熟する早生種なども適当である。

完熟果実の生産には、品種の選択とともに、雨よけなどの施設栽培への取り組みも重要である。

(4) ほかの果樹との複合経営の場合

長野県におけるプルーンとの複合経営で一般的なのは、リンゴ、そしてモモとの組み合わせである。ブドウやニホンナシとは収穫期が重なるために、プルーンと組み合わせた複合経営の例はほとんどみられない。リンゴ、モモ以外の果樹と組み合わせた複合経営については、プルーンの収穫期と他の果樹の収穫期または重要な管理作業（摘果など）が重ならないことが大切である。

リンゴとの組み合わせでは、晩生種の「ふじ」や「王林」との組み合わせが多いが、この場合はほとんどプルーンと収穫期が重ならないので、品種選択の幅は広い。

リンゴとモモとの組み合わせでは、八月上旬から八月下旬が収穫期となるモモ、九月に収穫期となるプルーン、十月以降に収穫期となるリンゴを組み合わせた経営パターンが多い。モモの品種は、八月上・中旬に収穫期となる「白鳳」や「あかつき」、八月下旬から九月上旬に収穫期となる「川中島白桃」、プルーンは九月中旬に収穫期となる「スタンレイ」や「ベイラー」、九月中・下旬に収穫期となる「サンプルーン」、九月下旬に収穫期となる「プレジデント」などを選ぶと、十月に収穫期となるリンゴまで収穫期をリレーしながら、複合経営が成り立つ。

また収穫期の調整だけでなく、経営している品目の栽培面積に応じて、プルーン品種の選択は変わってくる。プルーンが主体であるなら、プルーン品種の選択肢は多いが、プルーンの面積が少ないならば、プルーンは主品目の補完的な役割として、品種の選択は限られてくる。

大規模経営の場合、栽培面積との関係もあるが、雇用人員の労働配分によっても、プルーン品種の選択肢が出てくる。臨時雇用が確保できれば、プルーンと他品目の収穫期が重なっても経営は可能である。たとえば家族経営では労働配分からむずかしい組み合わせとされる、リンゴの早生種「つがる」とプルーンの中生種「シュガー」「ローブドサージェン」を組み合わせることも可能となる。

(5) 地域特性に応じた品種選び

プルーン栽培は長野県が主体のため、長野県を一例として品種選択を述べてきた。この項の最後では、日本全国の地域特性に応じた品種選びについて、可能性ということも含めて述べる。

北海道では梅雨がないことから、とくに早生種では露地栽培でも完熟果実を生産することが可能と思われる。「アーリーリバー」「オパール」「サンタス」の完熟した果実を生産してみてはどうか。

東北各県には、八～九月にかけての気候が長野県と似ている場所もあるのではないかと思う。梅雨明けから秋雨の時期までの間で比較的降水量の少ない時期に「トレジディ」「シュガー」を導入して、完熟した果実が生産できるのではないか。

西日本では雨が多いため、雨よけ施設を前提として栽培する。そこで、裂果しやすいが品質のよい品種「フレンチ」「プレジデント」を完熟させて高品質果実として付加価値をつけて販売してみてはどうだろう。また温暖な気候を利用して、早生種を東日本の産地より早く出荷することも考えられる。

第3章 プルーン栽培の実際

Ⅰ　園地つくりと植付け

1．開園・改植する場所

(1) 水はけと地力の増強がカギ

プルーンは吸肥力が強いため、若木の生育は旺盛になりやすいが、やせ地で栽培すると収量が上がらず、経済寿命も短くなる。また根は酸素を多く必要とするため、水はけがよく、通気性に富む砂壌土や壌土が栽培に適している。排水のわるい粘質土壌では生育不良となりやすい。

また地理的条件では、作業性を考えると平地がよいが、山間地では傾斜度は一五度以下が望ましい。傾斜方位は西面だと枝の日焼けを起こしやすいので、東南または南面がよい。

気象条件では、まず降水量の多少が問題となる。年間降水量が七〇〇～一〇〇〇ミリが望ましく、とくに夏季（七～九月）は降水量が少ないことが望ましい。また日照時間は多いほうがよく、年間二〇〇〇時間をこえることが望ましい。気温については、比較的適応範囲が広いが、国内で栽培されている地域は、年平均気温一〇℃前後のところが多い。

新しく開園するにあたっては、完熟堆肥などの有機物やリン酸、石灰質資材などの土壌改良材を施用して、深耕を行ない、地力の増強をはかるとともに、地下水位の高い場所や排水不良園では、暗きょや明きょを通して排水対策を十分に行なっておく。

(2)　既存の果樹園で始める

既存の果樹園を整理してプルーンに改植する場合は、前作目に注意する必要がある。モモやニホンスモモなどの核果類が植えられていた場合は、連作障害が懸念されるため、きめ細かな土壌改良対策が必要となる。すなわち、

①まず、これまで植えられていた木を収穫後すみやかに抜き取る。

②連作障害の要因になると考えられる根をできるだけ早く、またできるだけ残さないよう掘り上げる。根の除去は早ければ早いほどよい。なぜなら、根が腐ると分解されるさいに青酸配糖体とよばれる物質が土壌中に生じ、これがプルーンの生育、とくに根の機能を阻害するからである。

③植え穴は、連作障害を避け生長をよくするため十分に広く掘り（一・五～二メートル四方、深さ六〇センチ）、植え穴部に残っている根をもう一度きれいに除去する。そして完熟堆肥などの有機物

（一穴当たり一〇キロくらい）やリン酸や石灰質資材などの土壌改良材を施用し、十分な土壌改良を行なう。可能であれば、別の場所（前作が果樹、あるいは核果類以外の園）からもってきた土を植え穴に客土して、苗木を植えることが望ましい。

(3) 水田転換畑を生かす

水田を畑地に転換する場合は、排水対策がもっとも重要となる。心土を破砕して排水をよくし、深耕（深さ四〇～五〇センチ）を行なって、土壌の通気性を確保する。深耕処理だけで排水が改善されない場合は、暗きょや明きょを設置する。土壌の物理性や化学性の改善には、完熟堆肥などの有機物（一〇アール当たり二～三トン）の投入が効果的であり、リン酸や石灰質資材などの土壌改良材も施用することが望ましい。深耕のさいにこれらの有機物や土壌改良材を施用して、よく土と混ぜこむ。

2 苗木つくり

(1) 台木の養成

プルーンの台木については研究例が少なく、まだ不明な点が多いが、国内では、ミロバランスモモの一系統と考えられている「ス台」とよばれる台木が用いられている。「ス台」は、耐湿性、耐寒性に優れるうえ、休眠期挿し法によって容易に挿し木繁殖ができる。ただし「ス台」には、PNRSV (*Prunus necrotic ringspot virus*) などのウイルスに感染しているものがあるので、これらに未感染であることを確認してから用いる必要がある。

「ス台」を実生から育成して用いることもできる。採取した種子は、鉢や箱に、砂と種子を交互に層積して貯蔵する。貯蔵期間中は一定の水分を保持して種子の乾燥に注意し、低温(〇～五℃)に十分(一カ月以上)あわせて休眠を打破する。種子の乾燥に注意することと十分に低温にあわせることが発芽をよくさせるポイントである。過湿状態での貯蔵は、種子を窒息させ、腐敗させる原因となる。貯蔵した種子は、早春(三～四月上旬)に播種する。

実生の台木としては、このほかにモモも用いられることがあるが、プルーンの品種によっては接ぎ木不親和性を示すことがある。

海外においてはサンジュリアンスモモの実生が台木として広く用いられているが、わが国では使用例が少ない。

また、プルーンをニワウメやユスラウメなどに接ぎ木すると、わい化することが知られているが、系統間の差異やプルーン品種との接ぎ木不親和性などについて問題が多く、実用的には利用されていない。イギリスでは、イーストモーリング研究所でスモモの半わい性台木として「ピキシィー」が育成されている。「ピキシィー」はヨーロッパスモモとの接ぎ木親和性が優れ、挿し木による繁殖が比較的容易であることが明らかになっているが、わが国には導入されていない。

(2) 接ぎ木用穂木の採取と貯蔵

休眠枝接ぎでプルーンの苗木を育成する場合、接ぎ木用品種の穂木は一〜二月に採取して、乾燥しない場所（土間やムロなど）に貯蔵するか、ポリエチレン袋（厚さ〇・一ミリ）に密封して、〇〜五℃の冷蔵庫で接ぎ木時まで貯蔵する。

プルーンの生育期間中に芽接ぎをして苗木を養成する場合は、芽接ぎをする直前（八月下旬〜九月下旬）に芽が充実した状態の新梢（長さ三〇センチ以上）を採取して用いる。大量の芽接ぎを行なう場合は、採取した新梢は葉柄を残して葉を切り落とし、水分の蒸散を防ぐために濡れた新聞紙などに包んでポリエチレン袋に入れておき、その中からとり出して芽接ぎに用いる。

芽接ぎ法、休眠枝接ぎ法に用いる穂木は、潜在ウイルスに感染していない木から採取する。

(3) 接ぎ木のやり方―芽接ぎ法と休眠枝接ぎ法

接ぎ木の方法には、秋（八月下旬〜九月下旬）に行なう芽接ぎ法と、春先（四〜五月）に行なう休眠枝接ぎ法とがある。プルーンの場合は、芽接ぎ法での活着率が高いが、休眠枝接ぎ法でも適期に行なうことにより、高い活着率が得られる。

芽接ぎは八月下旬から九月下旬ころが適期である。これより早いと接ぎ穂の芽の充実がわるく、活着率が劣る。また、活着しても接ぎ芽が再発芽するおそれがある。しかし芽接ぎの時期が遅すぎてもよくなく、気温が低くなるので活着率が劣る。

芽接ぎ法にはT字芽接ぎ法（図3—1）とそぎ芽接ぎ法（図3—2）とがある。

T字芽接ぎは、台木と穂木がともに剥皮できることが条件である。一方、そぎ芽接ぎは剥皮せずに実施する方法である。芽接ぎ部の結束には、ビニルテープやパラフィンテープを用いる。パラフィンテープなら、芽全体を結束しても翌春に接ぎ芽がテープを破って発芽してくるので、ビニルテープを用いた場合に問題となるくびれや芽の乾燥を回避でき、コスカシバの被害を軽減できる利点がある。

なお、芽接ぎ法では乾燥がつづくと活着率が劣るので、芽接ぎを行なう前に十分かん水しておくことが望ましい。また穂木には、前述したとおり、芽がよく充実した新梢を採取して、葉柄を残して葉を切り落として用いる。このとき、穂木が乾燥しないように注意する。

一方の休眠枝接ぎ法には、台木を掘り上げて接ぎ木をする揚接《あげつ》ぎと、植えてある台木に直接接ぎ木する居接《いつ》ぎとがある。

揚接ぎは冬季に行なうことができる。居接ぎは三月下旬から四月下旬に、台木の芽が動き始めたころに行なう。

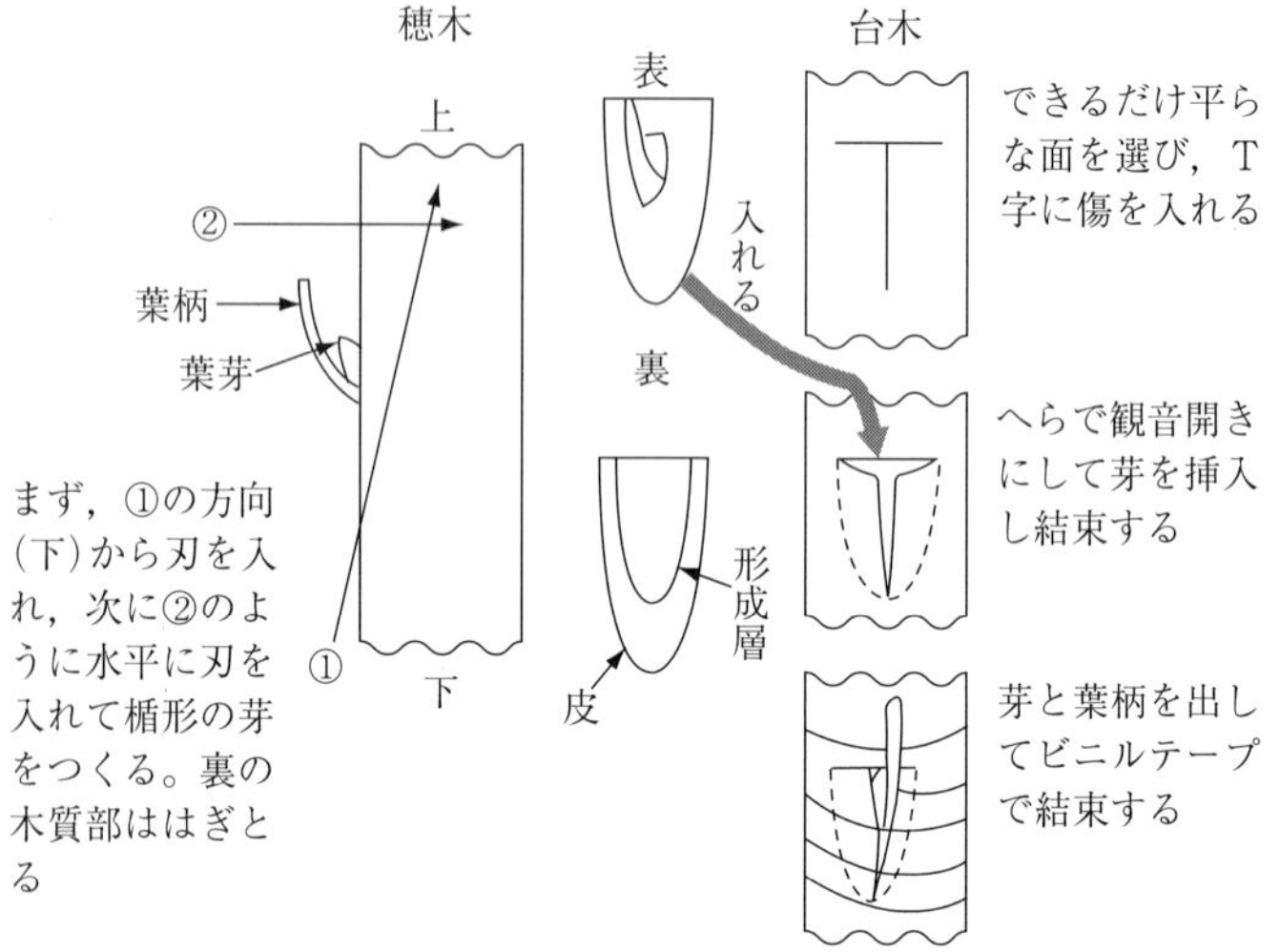
穂木
台木
表
上
②
入れる
できるだけ平らな面を選び，T字に傷を入れる
葉柄
葉芽
裏
へらで観音開きにして芽を挿入し結束する
まず，①の方向(下)から刃を入れ，次に②のように水平に刃を入れて楯形の芽をつくる。裏の木質部ははぎとる
形成層
①
下
皮
芽と葉柄を出してビニルテープで結束する

図3-1　T字芽接ぎ法（山西原図）

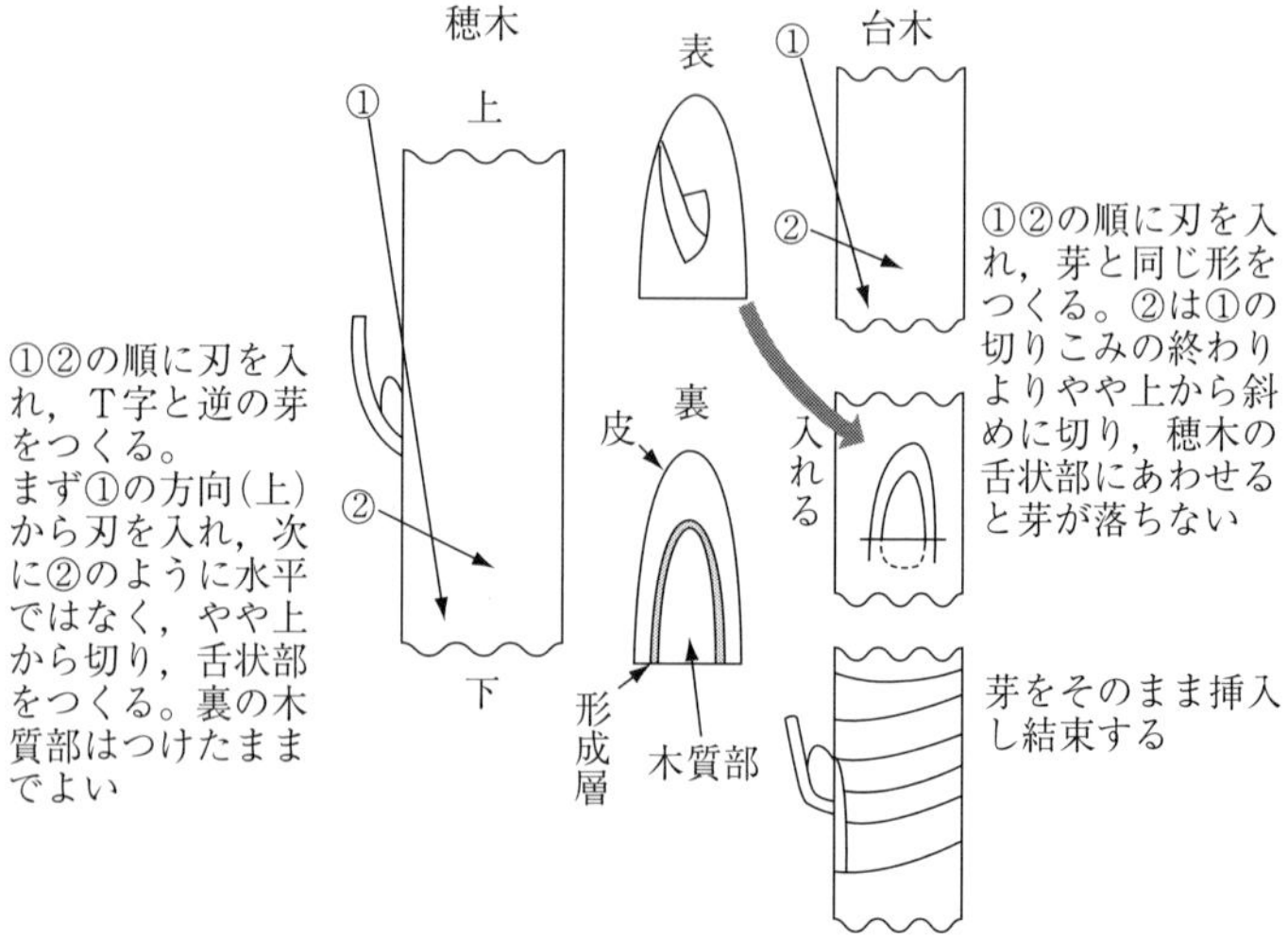
穂木
表
①
台木
①
上
②
①②の順に刃を入れ，芽と同じ形をつくる。②は①の切りこみの終わりよりやや上から斜めに切り，穂木の舌状部にあわせると芽が落ちない
①②の順に刃を入れ，T字と逆の芽をつくる。
まず①の方向(上)から刃を入れ，次に②のように水平ではなく，やや上から切り，舌状部をつくる。裏の木質部はつけたままでよい
裏
皮
入れる
②
下
形成層
木質部
芽をそのまま挿入し結束する

図3-2　そぎ芽接ぎ法（山西原図）

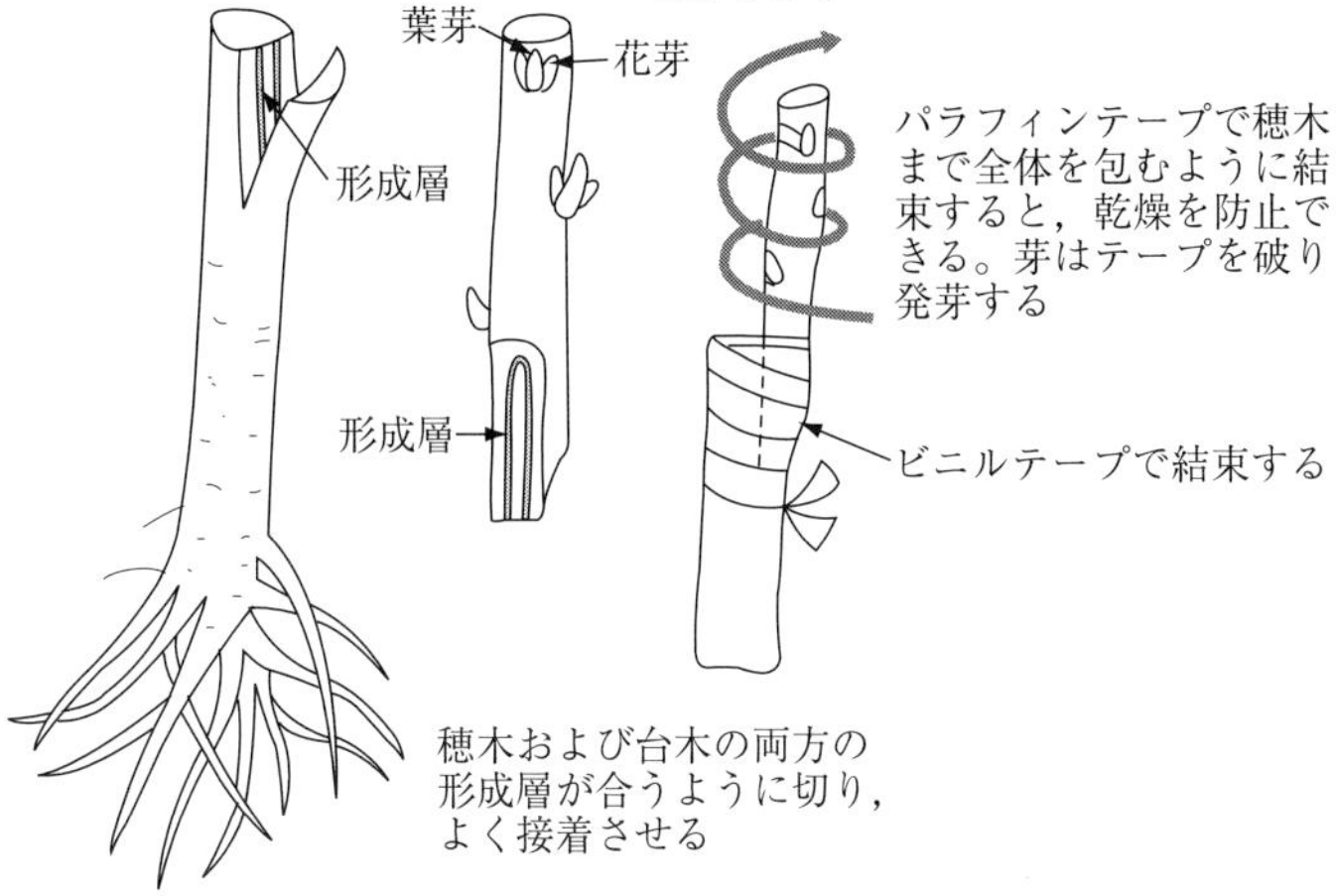
台木
穂木
接ぎ木前に
花芽をとる

図3-3　揚接ぎ（山西原図）

穂木には、二～三芽着いた休眠枝を用いるが、穂木と台木の両側の形成層が適合するようなものを選んで、切り口を接着させることが望ましい。また、パラフィンテープで穂木全体を包むように結束すると乾燥が防げる（図3—3）。

冬季に揚接ぎして、仮植えや貯蔵しておいた苗木は、台木や穂木が発芽してくる前に植え付け、乾燥防止のため定期的にかん水を行なう。

なお接ぎ木部位は、芽接ぎ法、休眠枝接ぎ法とも植え付けたさいに台木が地上部一〇センチくらいとれる位置とする。

接ぎ木した苗木は、うね間七〇～八〇センチ、株間一〇センチ程度で植えて養成する。その場合、一平方メートル当たり完熟堆肥を約二キロ、チッソを七グラム、リン酸を五グラム、カリを六グラム、マグネシウムを一グラムほど施用する。

苗木養成中は、アブラムシの発生に注意して発生初期に薬剤を散布する。

一年間養成した苗木は、六〇～八〇センチ付近の充実した芽で切り返して植え付ける。副梢は弱いものを残し、強いものはせん除する。

プルーンは初期生育が旺盛なため、一年生苗木の定植で十分生長する。そのため、二年生以上の大苗定植は、あまり行なわない。ただし、連作圃場に植え付ける場合は大苗定植のほうがその後の生育がよい場合がある。

(4) 購入苗木の選び方

市販の苗木を用いる場合、根群がよく発達し、しかも地上部のバランスがよく、節間が詰まって芽の充実した苗木を購入する。

3．植付けの時期と方法

(1) 暖地は十一〜十二月、寒地は三〜四月に

苗木の植付け時期は、十一月中・下旬〜十二月上・中旬の秋植えと、三月中旬〜四月上旬の春植えとがある。

秋植えは、気候の温暖な関東以南に適する。秋植えをして根の活着を促しておくと、翌春の生育が順調に行なわれる。しかし甲信地方の高冷地帯や東北北部、ならびに北海道のような寒冷地では、秋植えをした苗木の根は活着しにくく、冬季の寒さによる植え傷みが生じやすい。また積雪の多い地方では、冬季に雪害や野ネズミの食害を受けやすい。これらの地域では、春植えが適する。春植えでは、発芽前までに植付けを終わることが重要である。植付けが遅れると根の活着が劣り、生育が不良となる。

(2) 栽植距離・様式は条件に応じて変える

栽植距離は、品種、台木、耕土の深さ、土壌の肥沃度、整枝法などを考慮して決定する。

一般には、正方形植えと並木植えがある。

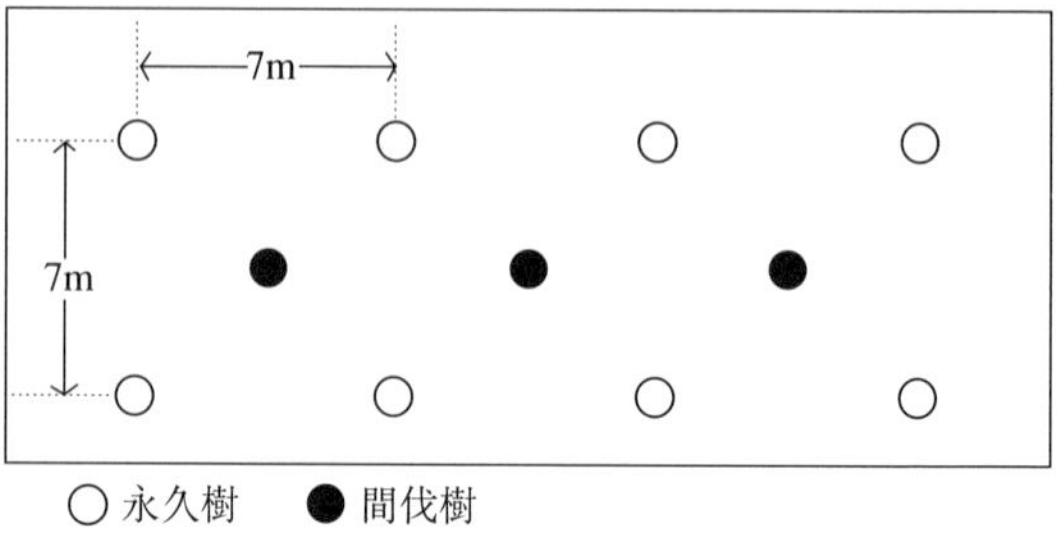

図3-4 プルーンの栽植方法（正方形五点植え）

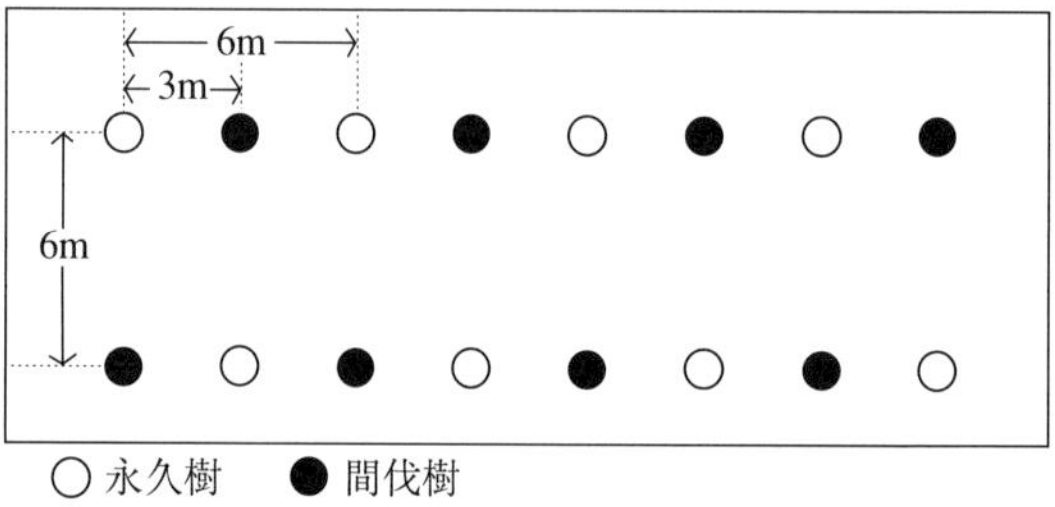

図3-5 プルーンの栽植方法（並木植え，千鳥配置）

■正方形植え（七×七メートル、一〇アール当たり約二〇本）

「ス台」に接ぎ木されたプルーンは、七×七メートルの正方形植えの栽植様式が多く用いられる（一〇アール当たり約二〇本植え）。この場合、若木時代の生産性を高めるために計画密植として、間伐予定樹（一二本）を五点植えにして加えて、三二本植えることがある（図3―4）。

■並木植え（六×六メートル、一〇アール当たり約二七本）

パイプハウスなどの設備を用いて雨よけ栽培を行なう場合は、並木植えにすることが多い。この場合の植付け距離は、列間を六メートル、樹間を六メートルとする。やはり若木時代の生産性を高めるために、植付け当初は、六×三メートルの計画密植とする（一〇アール当たり約五五本）。定植後六～七年して樹冠が交差するようになったら、間伐を行なって栽植距離を六×六メートル植えとする（一〇アール当たり約二七本）。この場合、残す木が千鳥になるように配置にすると、より効率的に空間の利用をはかることができる（図3―5）。

正方形植えでも並木植えでも、間伐は適期を逃がすと、密植の弊害が出て残った木の枝に花芽の着生が劣り、減収を招きやすい。永久樹の樹冠の拡大にあわせて樹冠の交差が認められたら、早めに間伐を実施することである。間伐はまず枝の縮伐、そして樹全体の間伐と、順次実施する。

(3)　根を広げて植え付け、十分にかん水する

植え穴はできるだけ大きくしたほうが初期生育が優れる。一メートル四方、深さ六〇センチ程度はほしい。植え穴には、完熟堆肥（五キロくらい）、苦土石灰、熔リンなどを入れ、土とよく混和して埋め戻しておく。埋め戻したあとはやや盛り土状にしておき、苗木を植え付けるさいに（植付けは、すぐでもよい）、あらためて少し穴を掘る。

苗木の植付けにあたっては、根部や根の先端をきれいに切りそろえておく。この処理をして植えた苗木は細根がよく発達して、良好な生育が得られる。

苗木は根を四方に伸ばし、細土を少しずつ入れながら、深植えにならないよう植え付ける。接ぎ木部が地面より一〇センチほど出るぐらいが適当である。植え穴はあとで陥没しやすいので、土を少し盛っておくとよい。（図3―6）

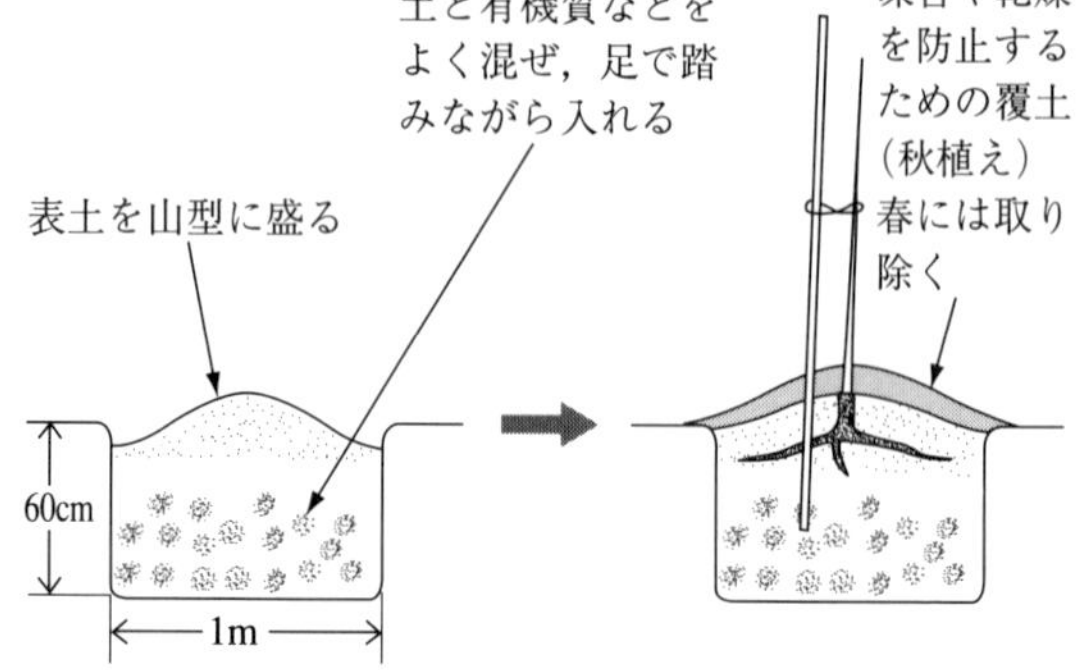

図3-6　プルーンの植付けの方法

秋植えでは、台木部の凍害や乾燥などを防ぐため、接ぎ木部の上まで盛り土して、春になったら土を取り除いて接ぎ木部を露出させる。

かん水は植付け時に十分行なう。春植えした苗木は、とくに春季の乾燥害を受けやすいので、定植後とその後の定期的なかん水が必要である。また、苗木は倒伏防止などのため支柱を立てることが望ましい。

(4) 同一園地にほかの作物は植えない

改正農薬取締法の施行にともない、病害虫防除にあたって農薬のより厳密な選択と使用が求められることになった。栽植にさいしても、農薬飛散のリスクを低減する栽植方法とすることが重要である。

同一園地にはほかの作物（たとえばリンゴなど）との混植は避けるべきである。また、プルーンのみを栽植する場合も、混植する受粉樹には、主品種と収穫期の近接した品種を用いるようにする。

農薬の使用には時期、回数が決まっており、とくに収穫期前での使用は慎重を要する。たとえば、早生種の収穫期に晩生種を主体とした防除を行なった場合、早生種の収穫前使用日数に違反することもありえる。受粉樹にも主品種と収穫期の近接した品種を用いることで、主品種にあわせた防除体系を組むことができる。

(5)　受粉樹は全体の三割植える

プルーンには、すでに述べたとおり、自家和合性の品種（スタンレイ、シュガー、サンプルーンなど）と、不和合性の品種（ベイラー、トレジディ、ローブドサージェン、プレジデントなど）がある（表3—1）。

自家不和合性品種の安定した結実を確保するためには、園全体として二〇～三〇％の受粉樹を混植することが必要である（三七ページ表2—4参照）。

受粉樹の条件としては、主品種と開花期のあう品種を選ぶこと（主品種よりやや早いか、同時期がよい、図3—7）、主品種と収穫期の近接した品種を選ぶこと、防除歴を考慮した品種の組み合わせを行なうこと、花粉量が多いこと、そしてもちろん、経済品種であることなどがあげられる。また、自家和合性品種であっても、他品種の花粉で受粉したほうが結実率は高くなる傾向がある。意識的な混植を心がけたい。

園内における受粉樹の配置には、ツツハナバチ類（マメコバチなど）やミツバチなどの訪花昆虫の

表3-1　プルーンの品種別和合性

自家和合性	自家不和合性
アーリーリバー	トレジディ
ツアー	ローブドサージェン
シュガー	グランドプライズ
スタンレイ	くらしまプルーン
サンプルーン	ベイラー
フレンチ	プレジデント
	ハンガリアン

利用を考慮して適度に分散させる。とくに注意したいのは計画密植した場合で、多数の苗木を植えて間伐で受粉樹が残らなくなってしまうことである。あらかじめよく計画して、植付け位置を設定するようにする。

(6) 植付け後は、凍害防止に主幹を白く塗る

一般的に核果類（モモ、アンズ、プラム、プルーンなど）の苗木や幼木は、凍害を受けやすく、凍害部が胴枯病菌の感染部となって枯死することが多い（図3—8）。凍害は、冬季の幹の温度の変化によって耐凍性が低下して生じることが多い。そこで台木の地際部から主幹部約一メートルの高さまで白塗剤を塗布すると、幹温の変化を抑制できるため、凍害の回避に効果的である(図3—9)。秋植えした苗木や結実開始期の幼木には晩秋に白塗剤処理を行なって、冬季の樹体温変化を防ぐことが望ましい。白塗剤処理は、日焼けなどの防止にも効果的である。

また、凍害発生の多い地域では、稲ワラなどで主幹部を囲っておく方法も凍害防止の効果が高い。

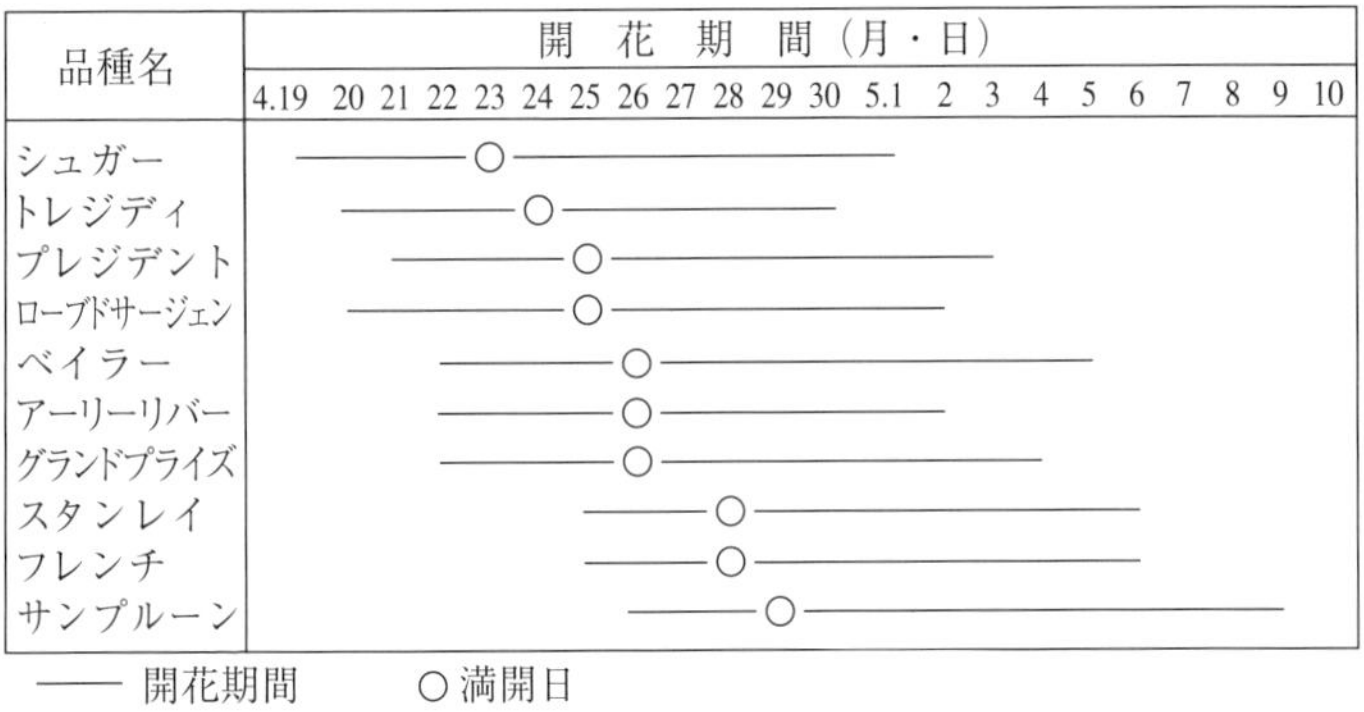

図3-7　プルーンの主要品種の開花期間（長野果試〈須坂市〉における1989～97年の平均値）

注　開花期の早い「シュガー」や「トレジディ」と遅い「フレンチ」や「サンプルーン」とでは，約1週間のずれがある。受粉樹の選択にあたっては，この開花期のずれを十分考慮する。

図3-9　白塗剤を塗った若木

図3-8　凍害による主幹の裂開

Ⅱ　整枝・せん定―成木までの樹づくり

1．樹形のタイプと特徴

(1)　基本は四本主枝の開心形

図3―10に開心形仕立てが完成するまでの樹形の変遷を示した。プルーンはわい性台木が開発されていないため、一般に木は喬木となり、樹高が高くなりやすい。また、頂部優勢性が強く発生角度の狭い枝は強勢になることが多い。こうした特性をもつプルーンの目標樹形は、開心形仕立てが適当である。枝が立ちやすい若木時代（一〇年生まで）は主幹形とし、その後、変則主幹形から最終的に開心形（一二年生ころ）に仕立てる。

定植五年目までの主枝育成の手順を示すと、次のとおりである。

①主枝候補枝は、地上〇・四メートルから一・六メートルまでに発生した枝のなかから決定する。

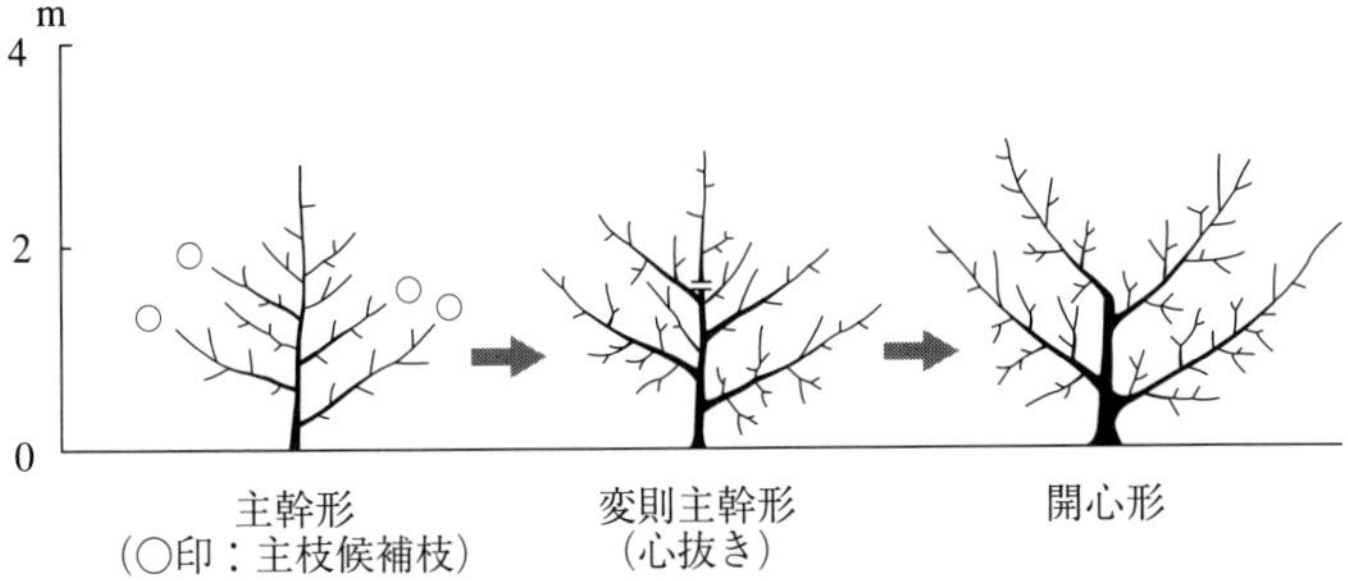

図3-10　プルーンの樹形の変遷

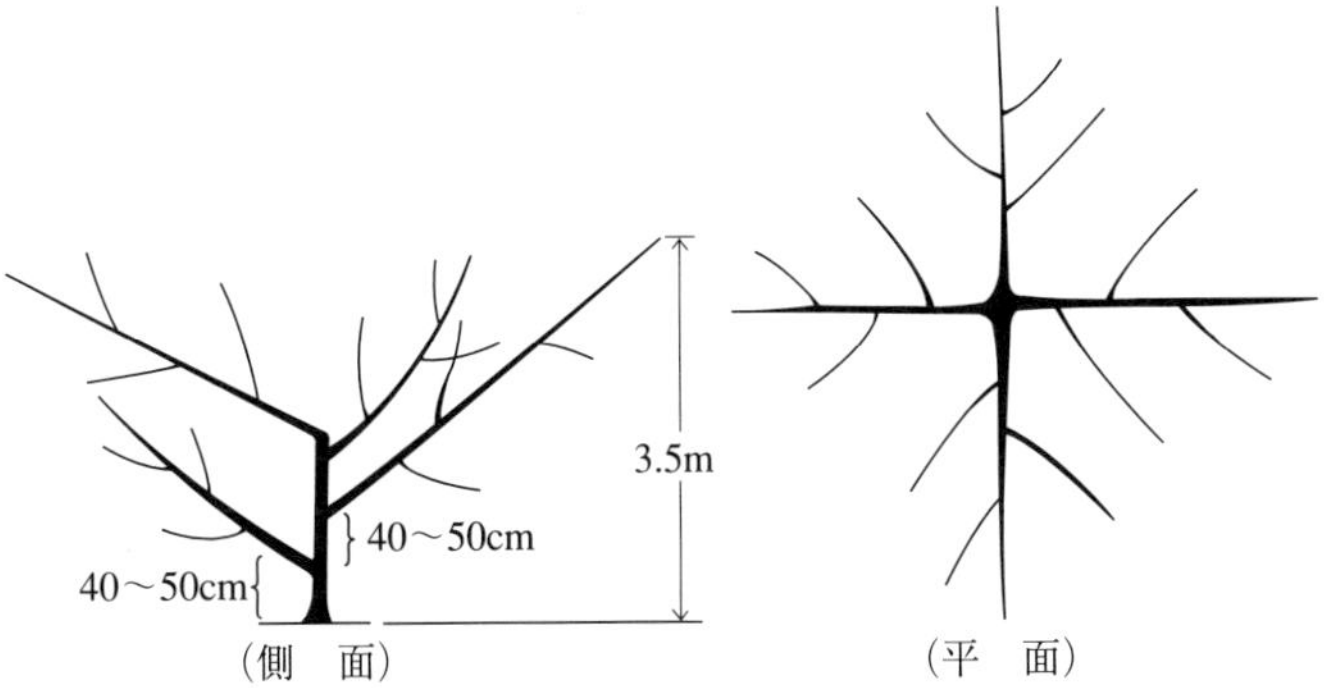

図3-11　プルーンの開心形（4本主枝）
（長野県果樹指導指針より）

図3-12　開心形樹の例（上は「ツアー」13年生，下は「サンプルーン」14年生，ともに佐久町）

②発生角度の広い枝を主枝候補枝として選ぶ。③主枝候補枝の勢力を維持するため、先端に先刈りを加え、やや上向きに角度を維持する。④下段から主枝を決め、主枝の周辺にある側枝がじゃまになるようであれば基部から切除する。⑤樹勢を見ながら枝を整理していくことが重要で、あまり早くから枝の本数を制限しない。

定植六年目から心抜きまでの間に主枝を決め、心枝（最上段主枝より上の枝）を徐々に小さくし、変則主幹形へスムーズに移行できるようにする。心抜きが早すぎると、最上段主枝が立ち上がるので注意する。

変則主幹形から開心形へ移行し、樹形が完成する。主枝は四本を基本に、亜主枝は原則としてつくらない。樹高は作業性などから三・五メートル前後を目標とする（図3―11、12）。

(2)　雨よけでは主幹形に

主幹形の基本樹形を図3―13に示した。長野県では、雨よけなどの施設栽培に用いる樹形として導入されてきた樹形である（図3―14）。主幹形整枝は円錐形の樹姿を目標とし、骨格枝は主幹、側枝、ならびに結果枝で構成される。木の上部には小さめの側枝を、下部にはやや大きめの側枝をおき、主幹上部から三角形の樹形になるように整枝するものである。

定植後からの仕立て方のポイントは次のとおりである。

図3-13　プルーンの主幹形

図3-14　主幹形の基本樹形（長野市,「スタンレイ」13年生）

①主幹から発生した角度の広い枝を選び、主幹に対して強勢な枝や発生角度の狭い枝を切除する。②主幹延長枝の枝以外は、原則として切り返しを行なわず、やや強めの枝は誘引を行ない、側枝先端の勢力をそろえる。③幼木期に新梢管理が十分できないと樹形が乱れるので、摘心や誘引などの夏季管理を行なう。④地上一メートルまでの間の側枝が弱いと、樹高を抑えきれないので、定植三年目ころから下段に大きめの側枝をつくる。

若木時代（五～一〇年生）は、目標樹高が三・五メートル（結果部で三メートル）以内に収まるように、主幹先端部を適当な場所まで切り戻して樹高を維持する。「スタンレイ」や「ベイラー」などの品種は、下段側枝が弱勢化しないように強めに維持する。

成木樹になると、下段側枝や樹冠内部が込みあって日照不足になりやすく、枝のはげ上がりが生じやすい。縮・間伐の実施や日照の導入、側枝の更新などを行ない、生産量と果実品質の維持をはかる。「スタンレイ」や「ベイラー」などは、短果枝がよく着いて枝のはげ上がりが少なく、樹勢も落ち着きやすいので、主幹形に適する品種といえる。

(3)　樹勢の強い品種、弱い品種に応じた切り方

せん定は、樹勢に応じて行なう必要がある。樹勢が強い幼木時代には、強勢化を避けるため、間引きせん定を中心とした弱めのせん定を行なう。一方、成木に達し樹勢が弱まった木には、切り返しせん定を多くするなど、強めのせん定を行う。

品種によってもせん定の方法を変える必要がある。たとえば、「スタンレイ」や「ベイラー」などは結実が始まると樹勢が落ち着き、側枝が短果枝化しやすいので、切り返しせん定を多く用いる。一方、「サンプルーン」や「プレジデント」などの樹勢が強い品種では、直立した徒長枝が多く発生して強勢となりやすいため、主枝以外の枝に対しては間引きせん定を主体にした弱いせん定を行なう（図３

図3-15 「サンプルーン」5年生樹

―15）。

強せん定は花芽形成をわるくさせるだけでなく、徒長枝の発生を促し、樹形を乱す原因にもなる。また、弱せん定を続けると、樹勢衰弱や枝のはげ上がりなどが生じて果実品質が低下しやすい。このため、各品種や樹齢を考慮し、樹勢を判断して、適正なせん定をする。

(4) 低樹高化への試み―棚仕立て、変則主幹形ほか

■棚仕立て

国内における棚仕立てによる果樹栽培の技術は、ナシなどを中心に暴風雨に対処する方法として導入された。近年、作業の容易性、果実品質の向上などの面からスモモでの利用が注目されるようになった。プルーンに対する棚仕立ての実証例は少ないが、ニホンスモモに準じて行なうことが可能と考え

られる。

基本的な棚仕立て法の考え方は、ナシの場合と同様である。主枝の本数は二〜三本とする。この場合、三本主枝より二本主枝のほうが樹勢の維持やコントロールがしやすい。亜主枝は、四年目ころから主枝の分岐点から一〜一・五メートル離れた位置で、主枝の側面から発生した角度の広い枝を選んで候補枝とする。

棚仕立てでの問題点は、主枝を棚面に誘引することによって、主枝の基部から徒長枝が多く発生することである。徒長枝をそのまま放置しておくと、主枝が弱くなって樹形が乱れる原因になる。また冬季のせん定で徒長枝を切ると大きな切り口をつくることになる。徒長枝を結果枝として用いるには、夏季管理で摘心するか、ねん枝や誘引などを行なう必要がある。

■変則主幹形

若木のときは主幹形に整枝する。最上段に主枝ができた段階で主幹の延長枝を徐々に弱めながら、最終的に主枝とおきかえ変則主幹形とする。主幹先端部を切除することによって主枝の発育が良好となり、樹冠の広がった低樹高の樹形ができる。主枝の本数は、開心形よりやや多めの五〜六本とする。

■Y字形

地上から四〇〜五〇センチの位置で二本の主枝を左右に取り出して、Y字形に仕立てる方法である。樹形はY字形の平面となるため、主幹形と比べて太陽光を有効に利用できるメリットがある。ただし、主枝や結果枝を固定する棚が必要である。Y字形整枝の雨よけ施設内における栽植方法は、ハウスの間口にあわせてうね間五～六メートル、株間三～四メートルの南北植えとする（一三四ページからを参照）。

プルーンでは以上のような樹形があるが、一般的なのは開心形と主幹形である。以下に、それぞれの植え付けてからの具体的な手順と管理の実際について紹介する。

2. 開心形樹のつくり方

図3—16に植付け時から心抜きまでの整枝・せん定の模式図を示した。

(1) 植付け時（一年目）

骨格枝の育成に必要な位置（地上四〇センチ以上）に充実した芽のあるよい苗木を用いる。低樹高の開心形樹にするためには、第一主枝の発生位置を地上四〇～五〇センチとする。一本棒状の苗木は、地上六〇～八〇センチで充実した芽の位置で切り返す。おおむね全長の五〇～六〇％の位置となる。切り返しが弱すぎても（位置が高い）、強すぎても（位置が低い）主枝の形成上望ましい位置に枝が発

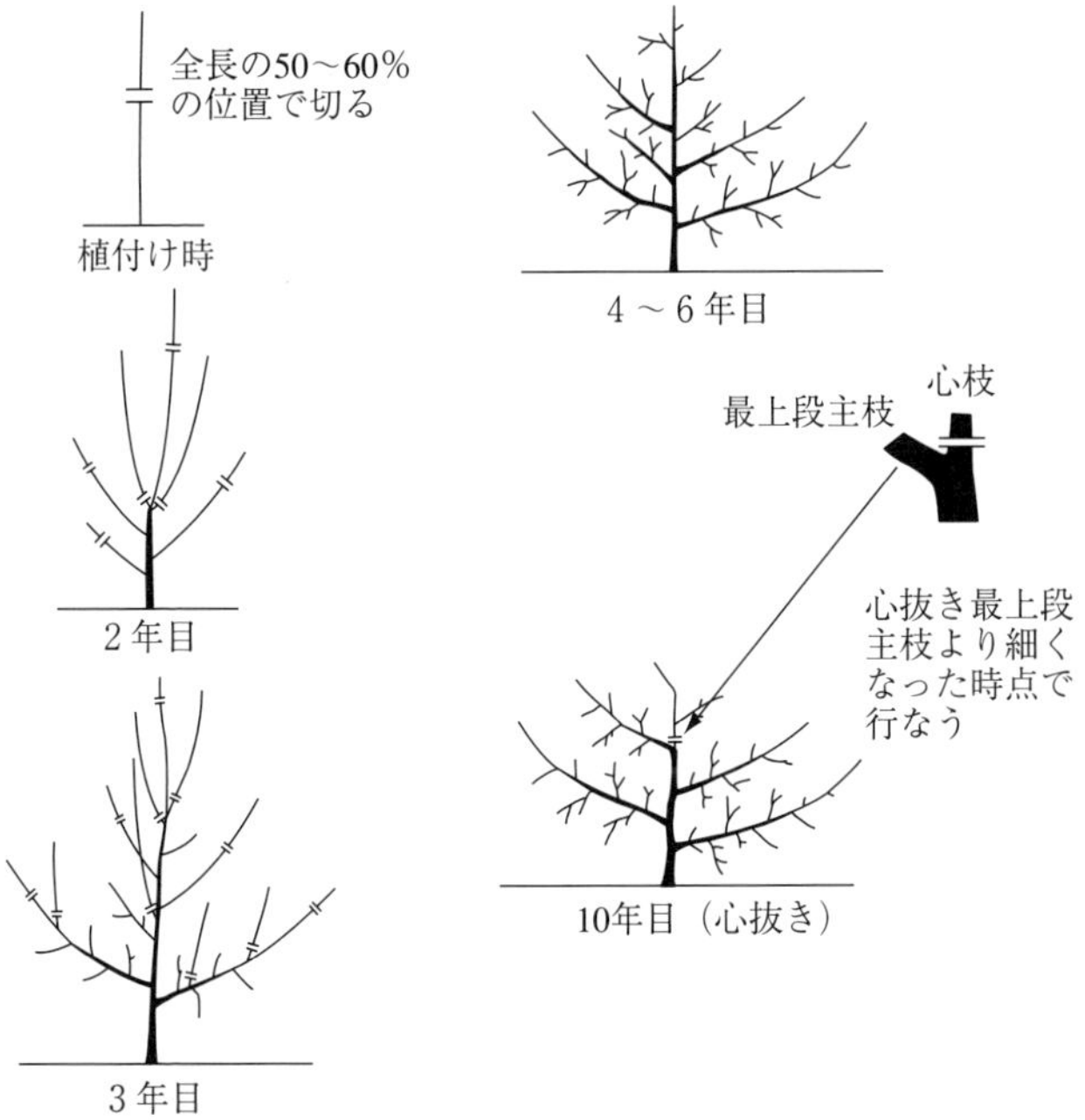

図3-16　植付け時から心抜きまでの整枝・せん定

生しないため、注意が必要である。

植え付け一年目は、根を活着させることを主眼におく。とくに、定植後のかん水や苗木の固定が大切である。凍害対策として、白塗剤を塗布するか稲ワラを被覆する。積雪の多い地帯では野ネズミに注意する。

(2)　二年目

六〜七月にかけて夏季管理を行なう。冬に行なう整枝・せん定だけでは、目標とする樹形に誘導できない。夏

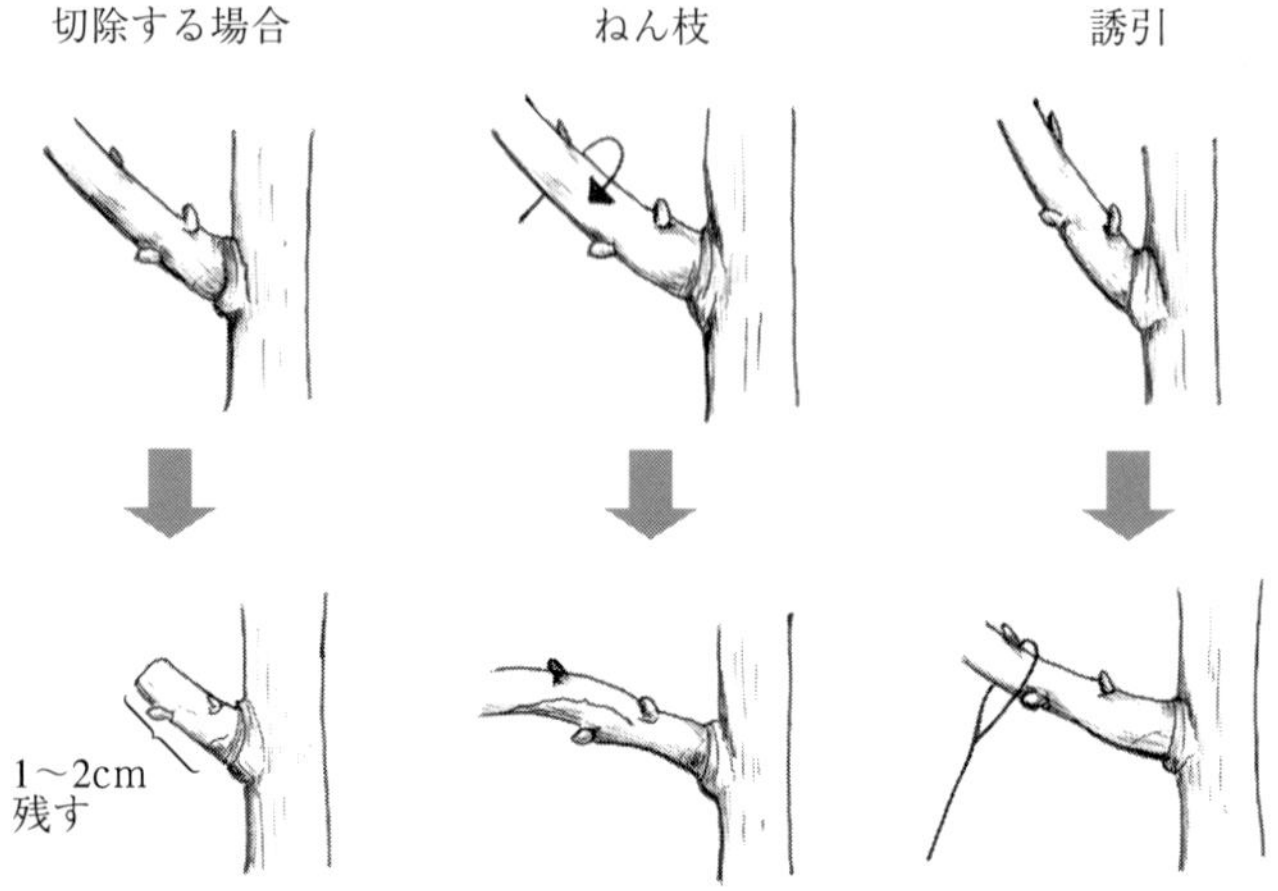

図3-17　プルーンの新梢管理の方法

季管理は、主幹に対して強めの新梢を対象に実施する。管理方法は、新梢の発生角度の矯正や方向の決定（誘引）、新梢基部を手でねじり勢力を抑制（ねん枝）がある。新梢を切除する場合は、新梢基部を一～二センチ残して切る。（図3—17）。

冬のせん定では、主幹延長枝をやや強めに切り返す。主幹延長枝と競合する強い枝や、発生角度の狭い枝は切除する。発生角度の広い細めの枝は、主枝候補枝となるので、やや強めに切り返しを行ない、主幹にバランスよく配枝させる。やや強めの枝は水平に誘引して勢力をそろえる。根群の発達をよくさせるため、側枝はできるだけ多めに残す。

二年目の一般管理は、春季の害虫防除と土壌管理（かん水、マルチ、除草）が重要である。

とくに、新梢の伸長初期にケムシ類やアブラムシの被害を受けると、骨格枝となる枝の確保が遅れるので注意する。凍害対策は前年に準じる。

⑶　三年目

夏季の新梢管理は前年と同様に行なう。冬のせん定は、基本的に二年目と同様である。主幹延長枝の切り返しは、前年の切り返し程度や新梢伸長の様子を判断して、弱い場合は強めに、強い場合は弱く切り返す。発生角度の広い枝を主枝候補枝として、やや強めに切り返し、方向の矯正が必要な場合は誘引を行なう。徒長枝や主幹と競合する強い枝は切除する。

三年目の一般管理は、二年目に準じて害虫防除、土壌管理、施肥、凍害対策を中心に行なう。苗木の生育が不良な場合は、原因を明確にして早めに対処する。

⑷　四～六年目

夏季管理は前年同様に実施する。四年目から側枝に短果枝が着生して結実が始まるので、果実を着果させながら骨格枝となる枝を育成する時期である。主枝の本数は、早くから四本に制限せず、樹勢を判断しながら徐々に決めていく。主枝または主枝候補枝は、やや強めに維持するため、一メートル前後の新梢が一・五～二本程度発生するように先端を切り返し、誘引でやや上向きに支持して勢いを維持する（図３―18）。

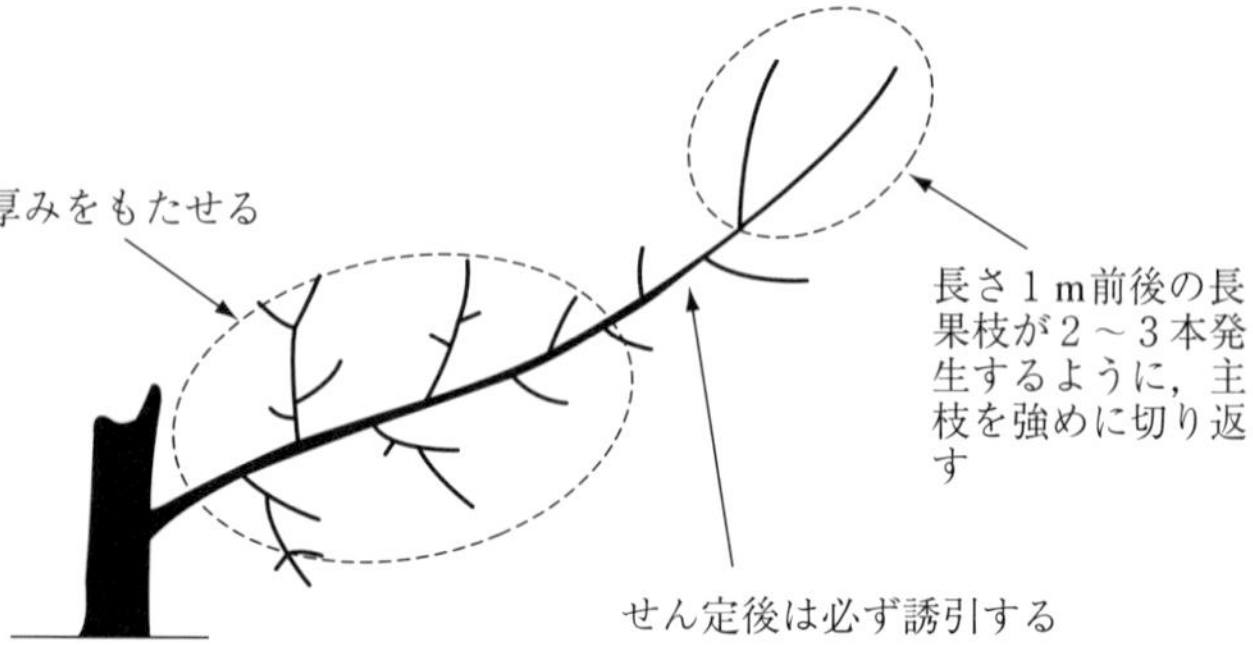
厚みをもたせる
長さ１m前後の長果枝が２～３本発生するように，主枝を強めに切り返す
せん定後は必ず誘引する

図3-18　幼木期の主枝育成方法

主枝は下段の主枝候補枝のなかから順次決めていく。主枝の周辺に日陰をつくっている側枝があれば、基部から切除するか途中で切り戻しを行なう。四本の主枝が決定すれば、残った主枝候補枝は側枝扱いとする。先端の切り返しをやめ、花芽の着生を促すことを優先した枝づくりを行ない、主幹や主枝に対して強勢になるようであれば早めに切除する。

四年目以降になると結実期にはいるので、樹勢衰弱や結実不足にならないように着果管理を実施する。病害虫防除は防除暦にしたがって行なう。密植園では計画的に縮・間伐を行なう。

(5) 心抜き

最上段の主枝が決まったら、心抜きの準備にはいる。年数をかけて心枝を徐々に小さくして、心枝の太さが最上段の主枝より細くなった時点で心抜きを行なう。心抜きの時期が早すぎると、最上段の主枝が立ち上がりやすく、遅すぎると最上段主枝の基部がはげ上がりやすい。

心抜きの時期は品種や樹勢によって異なるが、植付け後一〇年ころをめやすに実施する。心抜きのころには、これまで育成してきた主枝候補枝の中から、発生角度や方向などを考慮して、四本の主枝を決定する。

植え付けて一〇年目ころになると、盛果期にはいる。樹が大きくなり、枝も込み合ってくるので、散布むらのないように防除を行なう。また、樹脂症の発生が多くなるので、チッソ過多、土壌の排水不良、コスカシバの発生などに注意する。

心抜き処理によって、枝の背面の日あたりがよくなり、日焼けが起こりやすくなるため、白塗剤を塗布しておく。

(6) 成木期以降―品種別注意点

主枝などの骨格枝が完成すれば、果実生産を維持していくための樹づくりが重要となる。このためには、主枝、側枝、結果枝のバランスを保ち、内部まで結果部を維持できる樹冠を立体的につくりあげていくことが大切となる。

プルーンは副梢や太枝からの陰芽の発生が、ニホンスモモより少ない。とくに「サンプルーン」「プレジデント」「グランドプライズ」などの品種では、枝の基部にはげ上がりが生じやすく、結果部が枝の先端に移行しやすい（図3―19①②）。一方、「スタンレイ」「ベイラー」などの品種は、中・短果枝の維持がよく、枝のはげ上がりが少ない（同③④）。また、太枝の傷口は癒合がわるく、その部分から枯れこんで病気がはいりやすいので、大枝を切る場合には注意が必要である。

成木期に達すると、枝幹病害の発生や日焼けによって、生産力が急速に低下する場合も多い。整枝・せん定以外でも、病害虫防除、土壌管理、および日焼け防止などの総合的な対策を行ない、経済寿命を長く維持する努力が必要である。

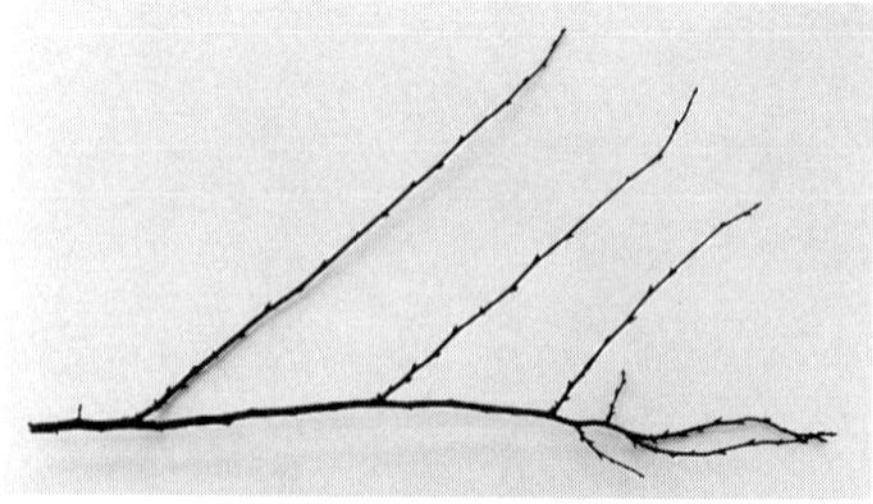

①プレジデント

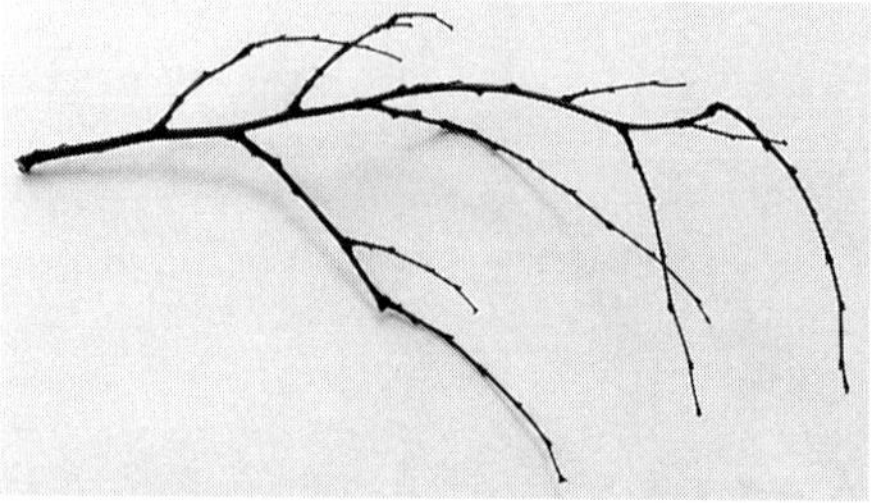

②グランドプライズ

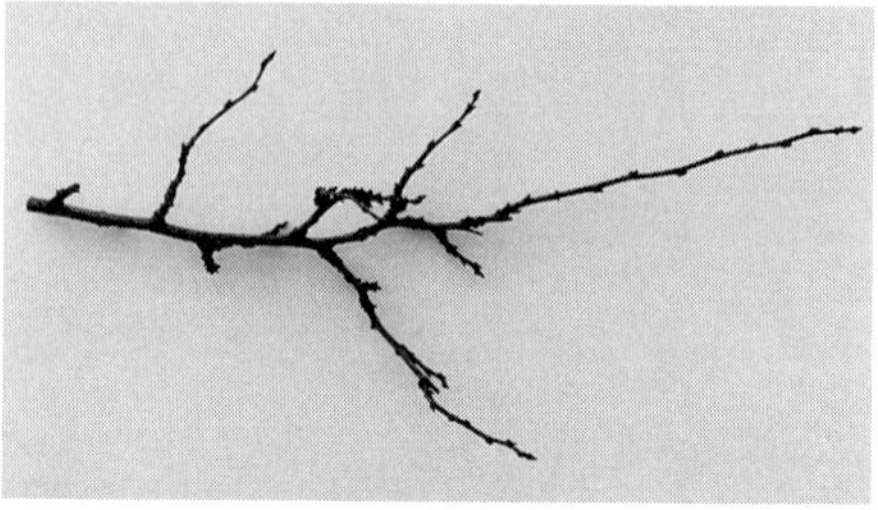

③スタンレイ

④ベイラー

図3-19　品種による枝の発生の違い

■スタンレイタイプの品種

「スタンレイ」「シュガー」「ベイラー」などの品種は、結実が始まると樹勢が落ち着き、開張性を示すようになる。成木になると新梢の伸びが抑えられて短果枝が多くなり、樹勢が衰えると回復が困難になる場合がある。樹勢の維持のためには、骨格枝を強めに切り返し、下垂して短果枝が多くなってきた側枝は、切り返しせん定を中心に行なうことが重要となる（図３―20）。

■サンプルーンタイプの品種

「サンプルーン」や「プレジデント」などは、樹勢が強いため枝が立ちやすく、結実がわるいなどの特性がある。そのため、若木時代から、間引きせん定を主体として、できるだけ樹勢を落ち着かせるためのせん定が必要である。

成木になって結実量が増えて樹勢が落ち着いてきたら、切り返しせん定を適宜加える。樹勢が衰えると、枝がはげ上がりやすいが、徒長枝などを夏季に誘引すれば、結果枝が着生しやすい。また、古い側枝は、枝齢の若い枝に順次更新をはかっていくことも重要である（図３―21）。

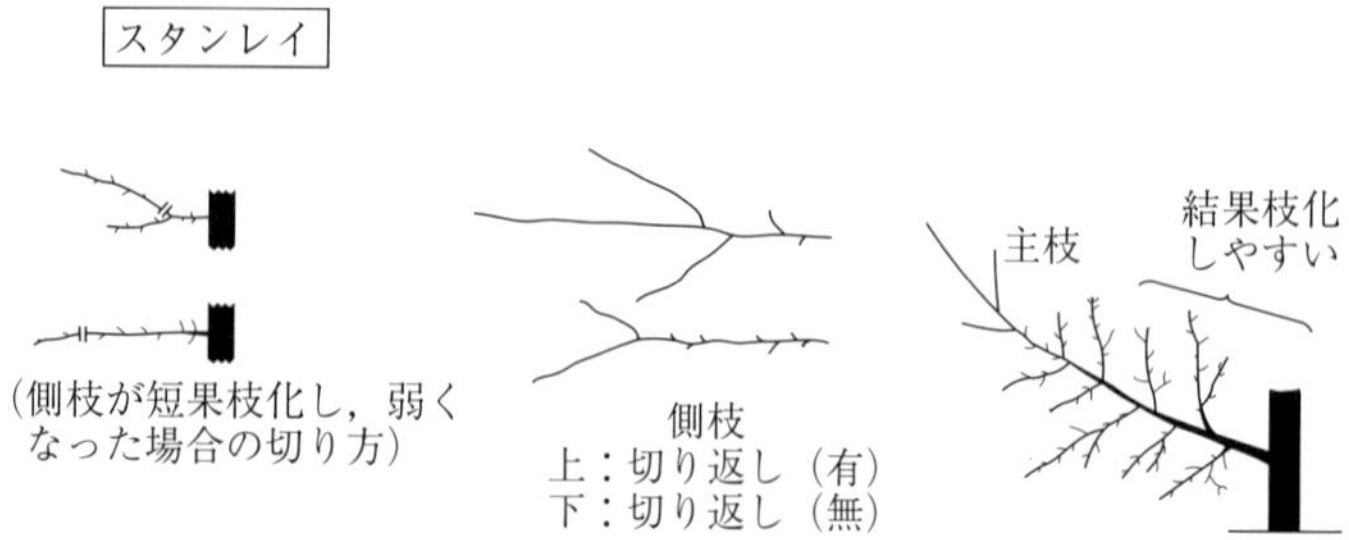

図3-20　スタンレイタイプのせん定方法

注1　結実が始まると樹勢が落ち着き，樹姿は開張性を示す。
　2　自家和合性で結実がよいため，着果過多になりやすい。そのため，樹勢が衰弱しやすく，下垂した弱い枝や，短果枝化した側枝が多くなるので，切り返しせん定を主体に行なう。
　3　主枝先端は，下垂しないように強めに切り返す。

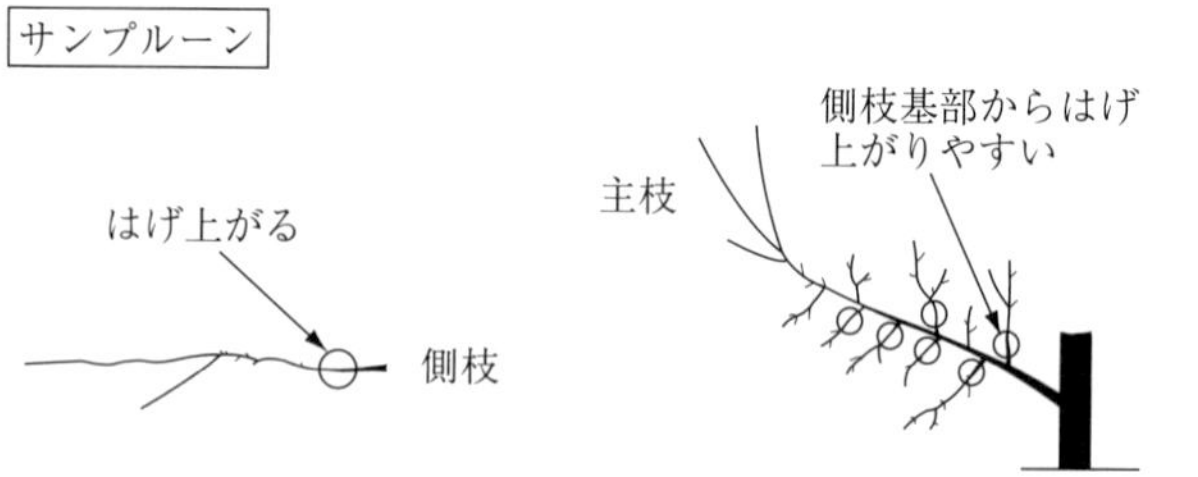

図3-21　サンプルーンタイプのせん定方法

注1　樹勢は強く，樹姿は直立性を示す。とくに幼木期に強いせん定を行なうと直立枝が多く発生するため，主枝以外は切り返しをせず，間引きせん定と誘引を主体に行ない，木を落ち着かせる。
　2　側枝基部ははげ上がりやすく，結果部が先逃げしやすい。主枝先端は切り返して，結果枝の発生を促すとともに誘引を行なう。樹勢が落ち着いたら，側枝の切り返しせん定も適宜取り入れる。勢力の強い新梢に対しては，新梢管理にあわせて摘心を実施することも考える。

3．主幹形樹のつくり方

(1)　植付け時

一本棒状の苗木を切り返す位置は、地上六〇～八〇センチで充実した芽の上の位置とする。基本的には開心形と同様で、おおむね全長の五〇～六〇％を切り返すこととなる。切り返しが弱いと枝の発生がわるく、逆に切り返しが強いと、主幹と競合して残すことができない強い枝が多く発生する。主幹は支柱などに誘引して直立に固定する。

植付け後は、かん水、苗木の固定、凍害対策を講じる。

(2)　二年目

主幹形樹は主幹、側枝、結果枝で構成し、木の上部には大枝をつくらない樹形が基本となる。このため、主幹から発生した強い新梢は、芽かき、摘心、誘引などの夏季管理で弱める処理を行ない、冬のせん定では、主幹と競合する太くて強い枝を切除する。主幹延長枝には切り返しを行なうが、側枝には切り返しを加えずそのまま方向を決めて誘引を行なう。

二年目の一般管理として、春季の害虫防除、土壌管理、かん水、マルチ、除草、凍害対策を講じる。

(3) 三年目

主幹の先端付近や側枝の背面から発生した強い新梢は、夏季せん定で切り取るか、残す場合は摘心や誘引などの処理を行なっておく。冬のせん定では、主幹と競合する枝や徒長枝を切除し、込みあってきたら強めの側枝を間引く。基本的には主幹延長枝以外は切り返しを行なわない。「スタンレイ」や「ベイラー」などの品種で樹勢が弱い場合は、適度な切り返しが必要である。

この時期の樹形は、下段にやや大きめの側枝をつくり、上段に小さめの側枝をおき、主幹上部から下に向かって三角形になるようにする。

三年目の一般管理は、二年目に準じて、害虫防除、土壌管理、施肥、凍害対策を行なう。一部で、花芽が着生して結実するので、樹勢を判断して着果させてもよい。

(4) 四年目

夏季管理は前年同様に実施する。冬のせん定では、主幹延長枝が目標樹高である三・五メートル前後に達したら、切り返しをやめる。せん定の基本的な考え方は三年目と同様で、主幹と競合する強めの側枝や徒長枝を切除し、下段側枝をやや強めに維持し、上段の側枝をやや弱めに維持するように誘引などで調整する。

結実期にはいるので、防除暦にしたがって病害虫防除を実施する。雨よけ栽培ではビニールの被覆開始時期となるので、事前に準備を行なう。下段の側枝は、着果過多などで下垂しないように注意する。

(5) 若木時代

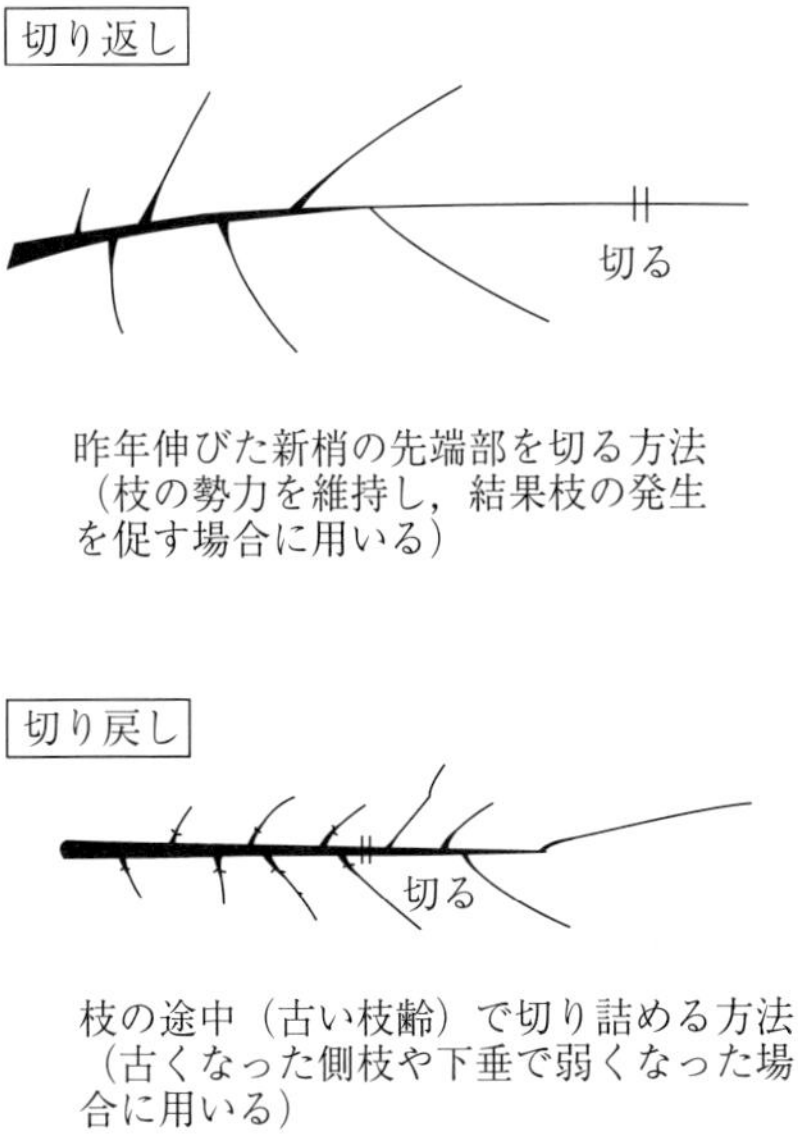

昨年伸びた新梢の先端部を切る方法（枝の勢力を維持し，結果枝の発生を促す場合に用いる）

枝の途中（古い枝齢）で切り詰める方法（古くなった側枝や下垂で弱くなった場合に用いる）

図3-22　切り返しと切り戻しの違い

毎年、目標の高さまで主幹を切り戻して、主幹上部が小さくなるように維持する。強めの側枝は間引き、三角形の樹形を維持する。着果量が多くなって樹勢が落ち着いてきたら、側枝の切り返しを行ない、下垂したり間延びした側枝や古くなった側枝を切り戻す（図3—22）。「サンプルーン」などの枝が立ち上がりやすい特性の品種は、若木時代に側枝の先端の切り返しを最小限にとどめる。最下段の側枝の発生位置は、地上から五〇～六〇センチとし、それより下にある側枝は切除する。

密植栽培を行なっている場合は、計画的に縮・間伐を実施する。また、樹脂症対策として、チッソ過多、排水不良、コスカシバ、日焼けに注意する。

(6) 成木期以降―品種別注意点

樹勢を調整するため、下段に大きめの側枝をおく。主幹上部は目標の高さを維持する。古い側枝が多くなるので、結果枝の育成や更新が必要である。

■スタンレイタイプの品種

このタイプの品種は、短果枝の着生が多く、樹勢が早くから落ち着くため、成木期には弱めの側枝を切り返して強めの樹勢を維持していく。樹冠内部や下枝は日あたりがわるくなるので、間引きによって側枝の本数を減らし、光環境を改善していく。弱い側枝は途中まで切り戻すことも必要となる。このタイプの品種は、枝の発生が多いので、結果枝を適宜間引きながら光環境の改善を図る。

■サンプルーンタイプの品種

このタイプの品種は樹勢が強い。施設内に植えられた木は樹冠を小型に抑えたいため強せん定になりやすい。樹冠内は日あたりがわるいと、枝が枯れこみやすくなるので、せん定時に隣接樹と枝が触れあうようになってきたら、早めに縮・間伐が必要となる。

　プルーンの太枝では、陰芽や副芽の発生がわるいため、基部まで切り戻すと、花芽のないはげ上がった枝になってしまう危険がある。「サンプルーン」や「プレジデント」でその傾向が強いため、枝を更新する場合には、夏季に徒長枝の切り取り、誘引・ねん枝などを積極的に行なって側枝の基部まで光をあてる必要がある。

Ⅲ　安定生産のための年間管理

長野県を基準とした年間の生育と管理作業を、図3—23に示す。

1．発芽前〜開花期まで

整枝・せん定や休眠期防除は、発芽前までに終えておく。

発芽から開花まではプルーンの場合かなりあわただしい。三月下旬から四月上旬に発芽して、開花は四月の中・下旬にかけてである。春先に一気に生育が進む。しかしこの間、プルーンではモモの摘蕾のような管理はとりたてて　ない。開花を待ってスタートラインに立っている、そんな状況である。農家の多くは、プルーン以外の畑に出かけていることが多い。

しかし、プルーンで開花を待つこの時期に、じつはぜひやっておきたい作業がある。誘引である。誘引は若木の樹勢をけん制したり、目標とする樹形に導くために骨格枝の方向づけを行なったり、あるいは成木でも太枝（主枝や亜主枝）を適当な位置に配置して結果位置を調整したり、枝のはげあ

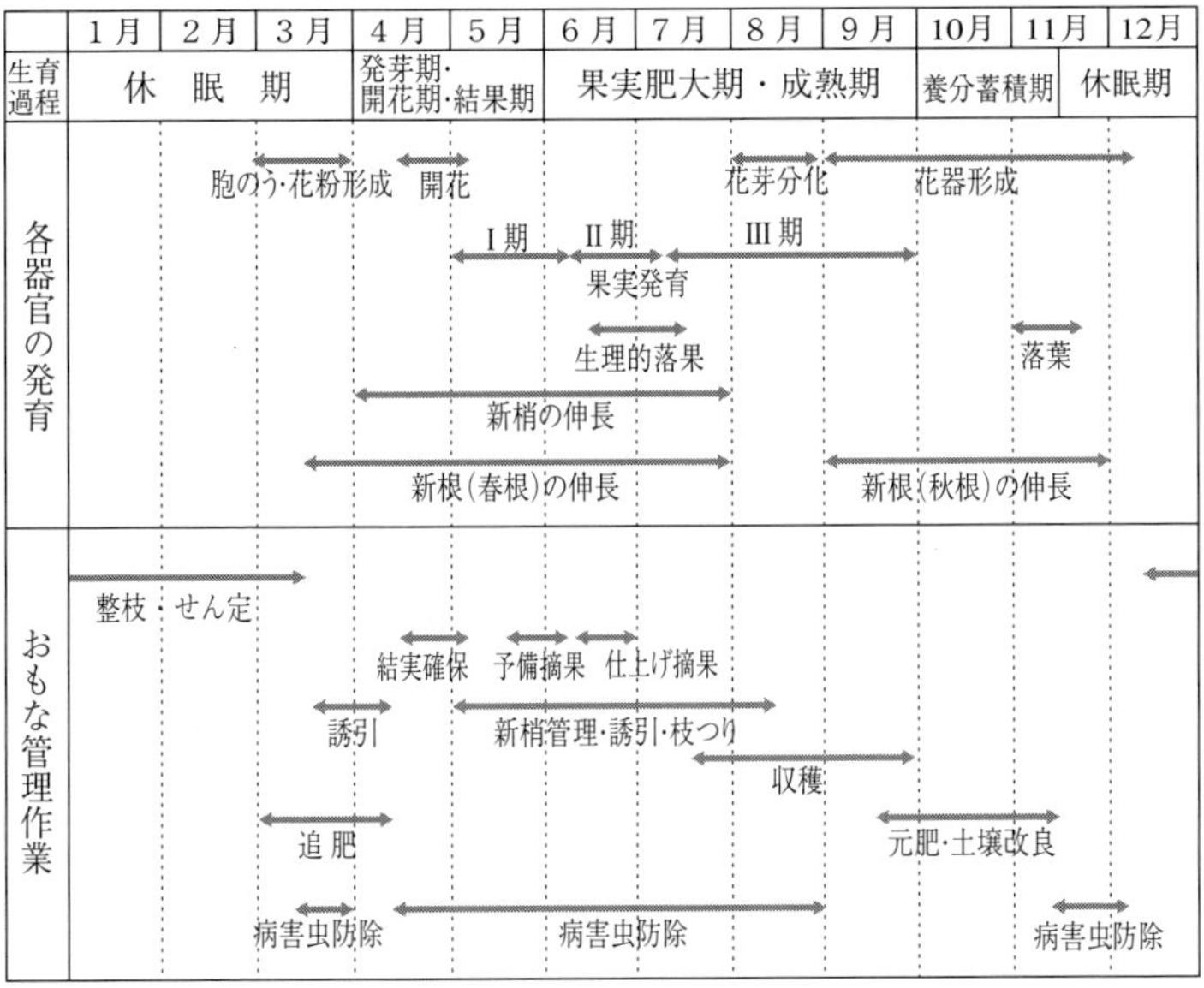

図3-23　年間の生育と管理作業（長野県基準）

がりやすい品種で花芽の着生をはかったりするのに必要である。新梢が伸びたあとに行なう、いわゆる新梢整理のときの誘引と違い、せん定後、まだ樹液が流動して間もない、枝がやわらかくなった時点で行なうこの春先の誘引は、重要である。添え竹や支柱をあてがって方向と角度を設定する。またひもを枝にかけ、引っ張って地面に打った杭に結ぶ。

リンゴやモモを栽培しているとそちらの準備で忙しく、この時期なかなかプルーンの畑に足を運べないという人も少なくない。その場合は、全部は無理でも木を決めて取りかかるとよい。できなかった木に夏季管理で取り組むようにする。

春先の誘引に意識的に取り組んでいる

農家のプルーンは、隔年結果もあまりなく、果実品質も高い傾向にある。

2．開花・結果期─受粉を確実に

プルーンは虫媒花であるため、ツツハナバチ類（マメコバチなど）やミツバチなどの訪花昆虫が受粉用昆虫として利用できる。訪花昆虫を利用しても数が不足している場合や、開花期間中の低温などの影響によって昆虫の活動が十分でない場合は、人工受粉を実施して結実を確保する必要がある。

人工受粉に用いる花粉には、開花期が早く、多くの主要品種との交雑和合性の高い「シュガー」の花粉が適している。

人工受粉の方法は、あらかじめ受粉用に用いる品種の開花直前の花から葯を採取し、開葯させた花粉を綿棒で受粉する方法と、受粉樹と主品種の開花中の花を毛ばたきや綿棒などで交互に受粉しあう方法がある。

受粉用に用いる品種の花粉は、主品種の花が開花する前日までには採取して、用意しておく必要がある。花粉採取用の木を生育の早い日あたりのよい場所に栽植しておくと、開花期が早まり都合がよい。

受粉作業は温暖な日に数回行なう。気温が低く、湿度の高い朝夕は避け、午前九時ころから午後三

表3-2 プルーンの着果量が生育や果実品質に及ぼす影響

(品種「スタンレイ」，長野果試，1989)

処理	葉果比	総新梢長 (cm)	総新梢数 (本)	新梢長 (cm)	幹周肥大 (cm)	果実重 (g)	硬度 (1b)	糖度 (%)
着果少	53.4	6,145	250	24.6	5.2	65.3	5.6	16.7
着果中	36.2	4,796	222	21.6	3.3	57.0	3.6	15.8
着果多	25.2	4,622	216	21.4	3.0	53.3	5.6	13.5

時ころまでの間に行なうようにする。受粉は、着果させたい位置の花を主体に、目標とする着果量より二～三割多めの花に行なう。

曇天でも気温さえ低くなければ、人工受粉の効果はある。雨天だと条件がわるくなるが、開花期間中に何回か繰り返し行なうことで一定の効果はあげられる。

3. 果実の肥大・成熟期

(1) 摘果は早めに行なう

プルーンの良品生産には、適正な着果量とするための摘果作業が不可欠である。着果量が多いと、果実品質や肥大を低下させるばかりでなく(表3―2)、樹体内養分を浪費して樹勢を弱め、翌年の花芽形成にも影響が生じる。

プルーン栽培では、結実の多い年と少ない年(収量の増減)が一年ごとに繰り返される隔年結果現象の生じることが多い。この隔年結果は、着果量の多い園や放任園で発生しやすく、収穫時期が花芽形成期より遅い品種(「スタンレイ」などの中・晩生種）で発生しやすい。果実の肥大と花芽形成が同時進行する時期に貯蔵養分を中心とした養分の競合が生じ、その結果として花芽が充実不良となり翌年の開花数が減って、隔年結果が生じると考えられる。

またプルーンは、豊作年の翌年から不作年が数年続く例もある（図3―24）。この原因としては、寒害や晩霜害、多雨や長期の日照不足、乾燥害など、環境要因による花芽への影響のみならず、着果過多による養分不足が花芽の形成や結実に大きく影響するためと考えられる。花が少ない年は人工受粉などを徹底して、できるかぎり着果量を確保するが、結実数の多い年は摘果により着果量を調整してやることが安定生産のカギである。

摘果作業は予備摘果と仕上げ摘果に分けて、適期に実施する。

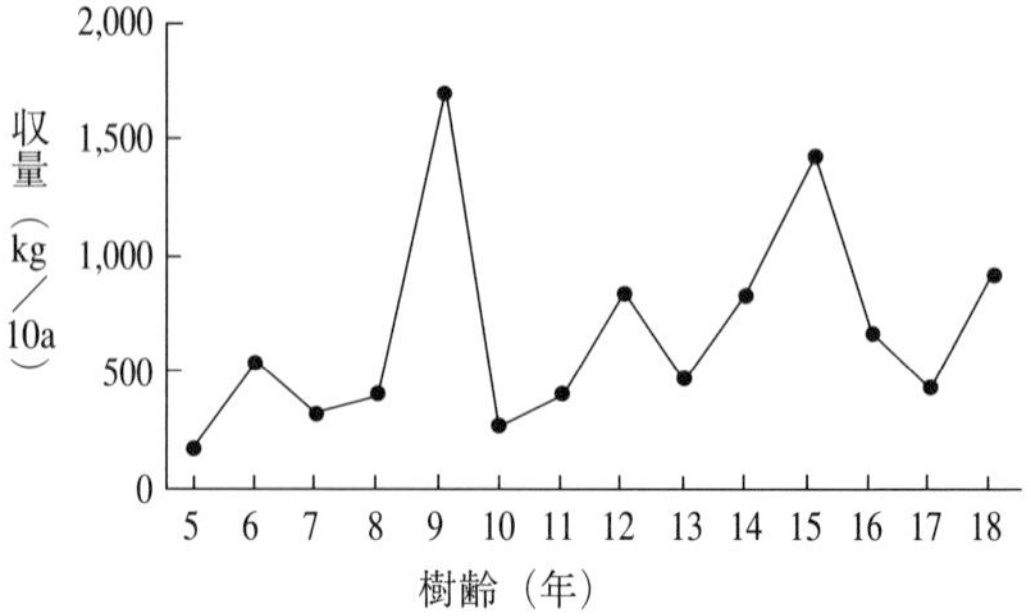

図3-24 「ローブドサージェン」の収量推移（長野果試，1975〜1988）

■満開後三〇日ころに予備摘果

予備摘果は、果実の大きさが小指大になる満開後三〇〜四〇日ころにかけて行なう。

果実間の養分競合を軽減するためには、予備摘果は早く始めることが望ましいが、受精果と不受精果の確認がまず必要である。不受精果は満開後三〇日ころまでに黄緑色化して落果しているので、予備摘果の開始はこの両者の見分けが可能となる満開後三〇日ころから始め、四〇日目ころまでには終了させることである。

予備摘果では、形のよい大きな果実を残し、奇形果、病害虫被害果、小玉果、サビ果、果柄の短い果実などを摘みとる。予備摘果で残す果実の量は、仕上げ摘果で残す量の倍量ほどとする。ただし、隔年結果、開花期間中の天候不順、凍霜害などによって結実量が少ないときは、樹勢の強勢化を防ぐため、障害果でも着果させることが望ましい。この場合、仕上げ摘果で残す量の倍量に満たなければ、予備摘果は行なわずに着果させておき、仕上げ摘果で着果量を決める。

■仕上げ摘果は満開後五〇～六〇日ころに

着果量を決めるための仕上げ摘果は、果実が親指大になる満開後五〇～六〇日ころに実施する。緑色の濃い、縦長で大きな果実を残し、奇形果、病害虫被害果、小玉果、サビ果などを摘みとる。

仕上げ摘果で着果量を決めるための基準は、小玉品種（三〇グラム程度、「サンプルーン」「アーリリバー」など）と大玉品種（八〇グラム程度、「プレジデント」「グランドプライズ」など）で異なる。プルーン品種間で標準的な果実サイズとなる「スタンレイ」の着果基準は、葉果比で二〇～二五とされている（栂野ら）。小玉品種では、これより多めの葉果比一〇～一五で、大玉品種では葉果比三〇～三五がめやすとなる。

一般的には、収穫時期に果実が触れあわない程度の間隔となるような基準で摘果を行なう。収穫間

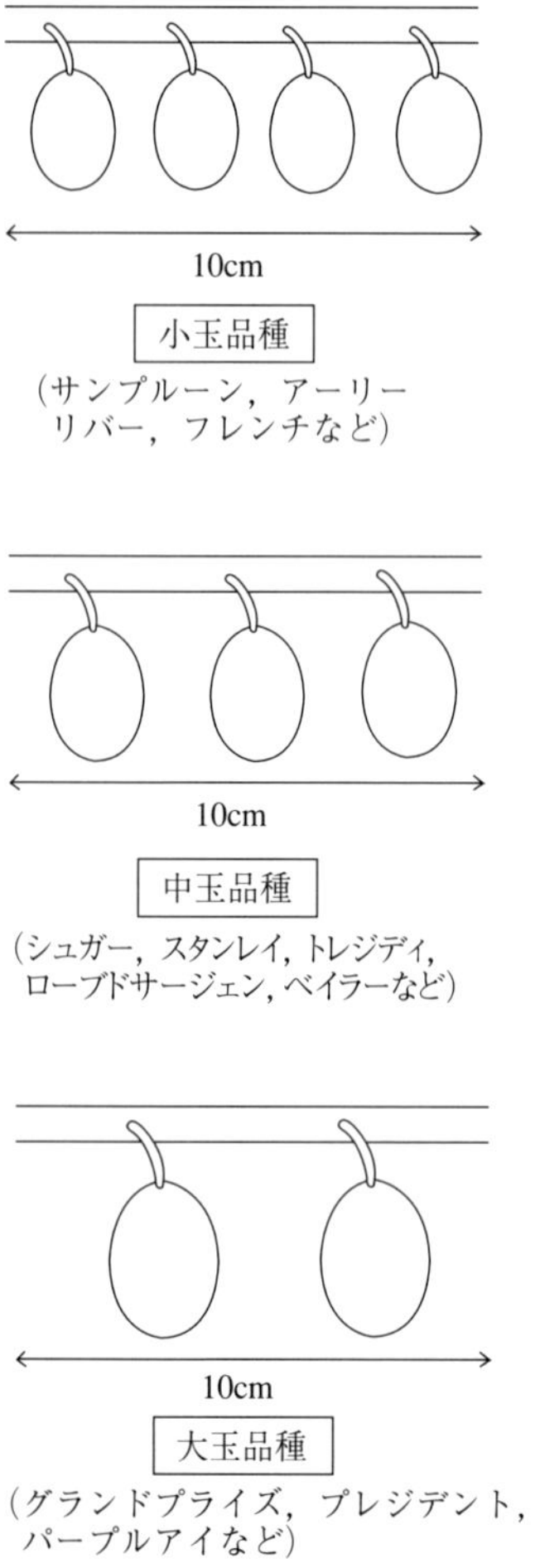

図3-25　プルーンの着果基準

際に果実が触れあうようでは、その部分に着色むら、ブルーム（果粉）のこすれ、傷、サビなどが生じやすい。果実の大きさによる品種タイプ別の着果基準を参考に、生理落果の多少や樹勢なども考慮しながら摘果を行なうとよい（図3―25、26）。

(2)　誘引・新梢管理

夏季になると枝葉が繁茂し、果実の肥大にともなって枝が下垂し、樹冠内に日陰や薬剤のかからない部分ができる。また果実の肥大にともない、枝折れや太枝の分岐点から裂開するなどの問題が生じることもある。樹冠内に光や風が通りやすく、薬剤がかかりやすくするため、支柱立て、枝の誘引、徒長枝切りなどの管理を夏季に行なう。

また、芽かき、新梢の誘引、ねん枝、摘心などの作業も重要である。

■芽かき

主枝・亜主枝などの太枝の背面から発生する強い新梢（徒長枝）は、早めにかき取る。また、成木の太枝の背面は日焼けを起こしやすいので、白塗剤などを塗って日焼け防止をはかる。また、弱い新梢をねん枝して残しておくと、日焼け防止に有効である。

図3-26　仕上げ摘果のようす
（品種「スタンレイ」）

■誘引

プルーンの幼木は枝が直立しやすいため、誘引により骨格枝の方向づけを行なう。

方法は、幼木の場合、主枝や亜主枝をまっすぐに伸ばすために、枝に添え竹を与えて方向と角度を決める。成木に対しても主枝や亜主枝が直立しないよう、ひもを用いて枝を誘引して方向づけをする。その

図3-27　枝のやわらかい夏季に骨格枝の誘引を行なう
（「サンプルーン」13年生）

さいは、枝にひもをかけ、地面に打った杭に結ぶなどして誘引する。

枝がかたい休眠期に無理な誘引作業を行なうと枝が裂けやすいため、枝のやわらかくなった時期に行なう。春先に十分にやりきれなかった木などに対しては、この時期が適期である。なお、若木は枝の肥大が旺盛なため、誘引に用いたひもが枝に食いこまないように注意する（図3―27）。

■ねん枝・摘心・新梢整理

これらの処理はいずれも強い新梢の伸長を抑制し、優良な結果枝をつくるために行なうものだが、ねん枝か摘心かは、新梢が立つ場所や強さの程度によって判断する。

主枝や亜主枝の背面からやがて徒長枝となりそうな強い新梢が立った場合は、摘心が適当だろう。早く処理して、長大化を防ぐのである。一〇センチ程度を残して上部を摘む。

それほどでもない弱い新梢であれば、ねじって折るねん枝がよい。とくに太枝の背面は日焼けが発

図3-28　徒長枝を整理（矢印の位置で切除）

生しやすいので、これを防ぐうえでも新梢が残るねん枝は有効である。またねん枝は側枝上では、逆向枝や直立枝に対して行なって、これらを結果枝として用いることもできる。

ねん枝は新梢が木質化する六月ころまでに、長さが三〇センチ以上になった枝から順次行なう。ねん枝も摘心も、主枝や亜主枝の基部付近以外の枝に対して実施し、基部付近ではせん除する。

一方、新梢整理は、光線透過を改善するため、ねん枝や摘心のあとに伸長した新梢に対して行なう。太枝の背面などから伸びた徒長的で発育旺盛な新梢をかき取るか、切り取る（図3―28）。

なお、幼木・若木では、ねん枝・摘心・新梢管理は主枝や亜主枝の延長枝以外の枝を対象に実施する。

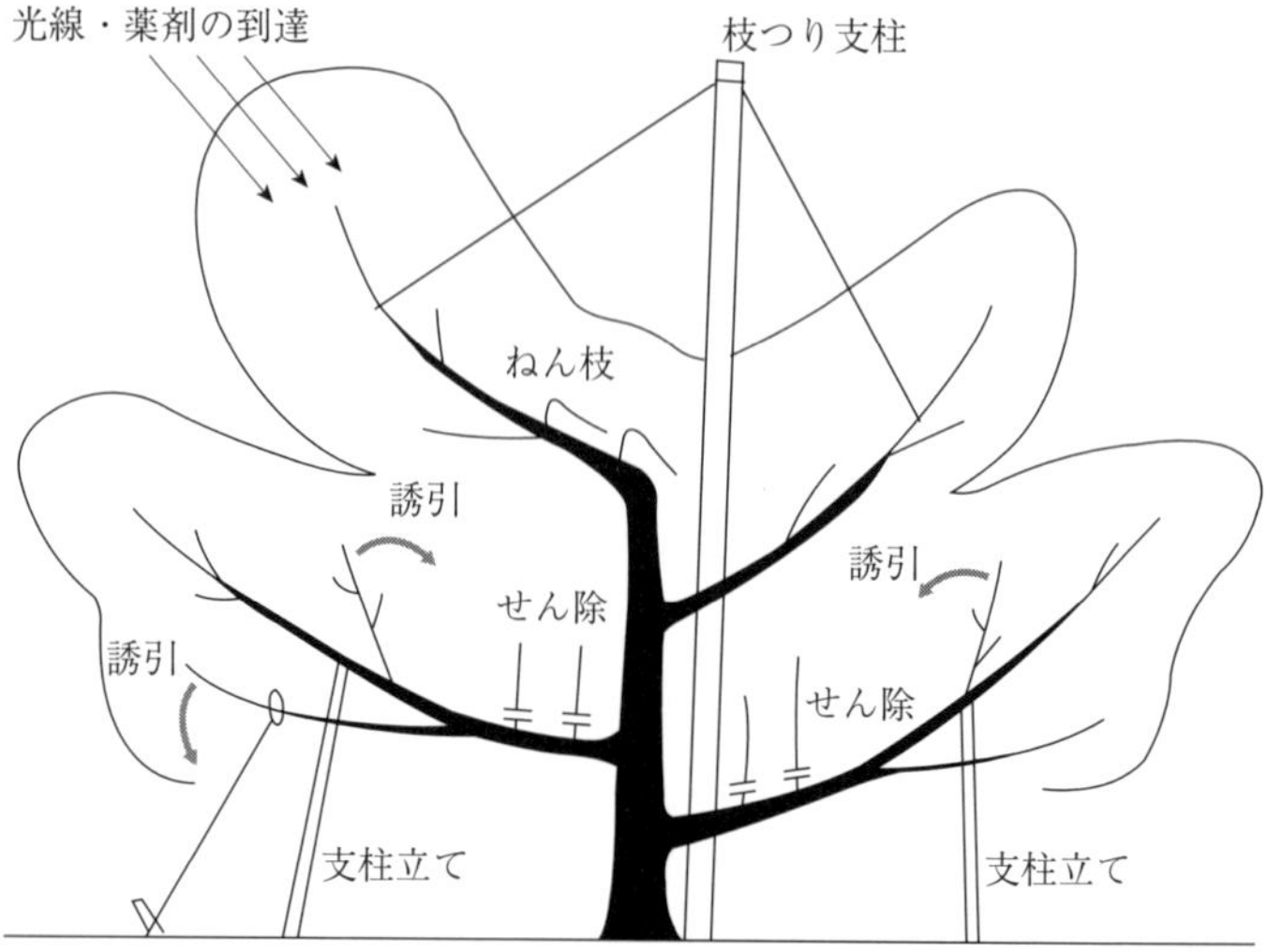

図3-29　夏季管理の要領

(3) 支柱立て・枝つりで葉むれや病害虫予防

夏季に枝葉が繁茂しすぎて重なりあうと、光線の透過がわるくなる。また、薬液の到達がわるくなり、病害虫の防除効果も劣るようになる。一方で果実が肥大するにともなって枝が下垂し、開張して樹形が乱れたり、ときには枝が折れたりすることもある。太枝をきっちり支え、枝葉の重なりを防ぐために、支柱立てや枝つりが必要である(図3—29)。

主枝や亜主枝などの太枝は、支柱を用いて枝を押しあげるように支える。側枝などの細い枝は縄で吊り上げる。そのさい、樹皮を傷つけないように注意する。

4. 収穫・貯蔵・出荷

(1) 着色先行、果肉の成熟はあとから―収穫適期の見きわめ方

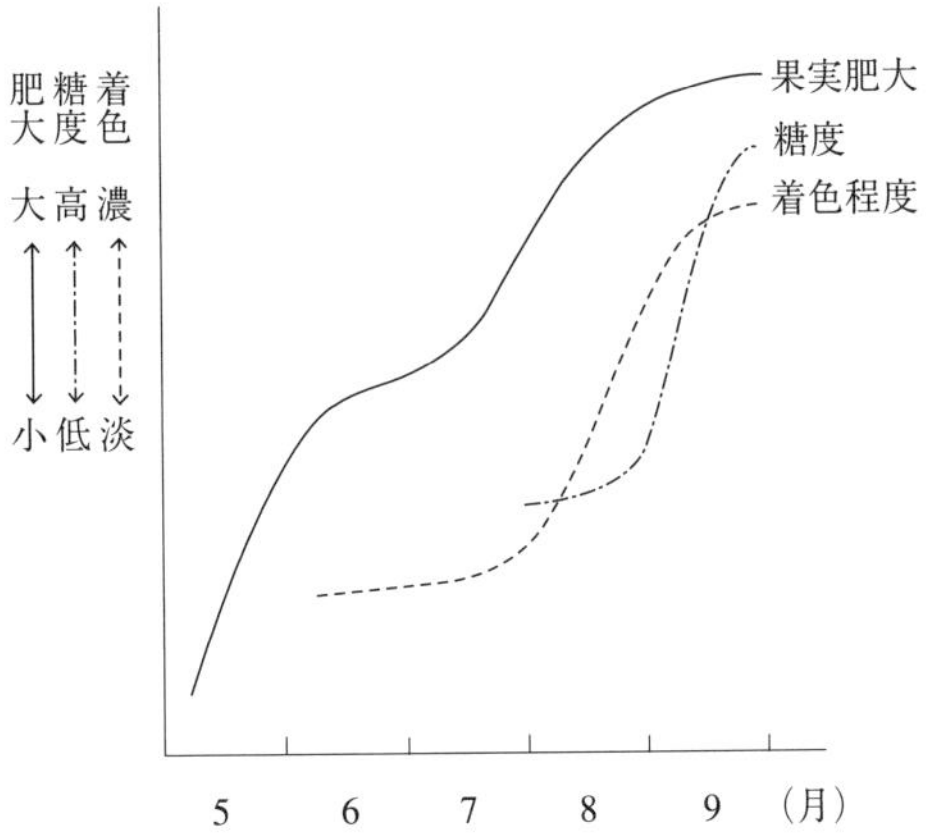

図3-30　果実肥大・糖度・着色程度の推移の模式図（9月成熟の品種）

プルーンの果実は裂果しやすく、収穫後に軟化しやすいため、早どりされる傾向にある。また、果肉が成熟する前に着色するため、収穫期の判断がむずかしい。早どりされた果実は食味が劣り、消費者の不評を買うことが多い。プルーンの成熟特性を理解して収穫適期を判断し、食味のよい果実を適期に収穫して出荷することがなにより重要となる。

■果実肥大、糖と酸の変化（図3―30）

プルーンの果実は、硬核期（六月中旬～七月上旬）以降に旺盛な肥大を示し、成熟期にはいって品種固有の大きさに達すると、肥大は停滞する。成熟期が近づ

くと、糖が増加してくる。また、酸が減少し、果肉が軟化して可食状態になる。食味は、品種個々によって異なり、固有の特性が発現する。ちなみに収穫後の果実は、果肉の軟化が進み糖度は上昇するが、酸が減少して果実重が減少する。

■成熟に先立つ着色

果皮色は、成熟にともなって、緑色（クロロフィル）が減退して、黒紫色や紅紫色等など品種それぞれの色へと変化する。一般的にプルーンの果実は、果肉の成熟より早く着色する傾向があり、着色程度を果実の成熟期の判断基準にすることはむずかしい。また、果皮の表面に果粉（ブルーム）が生じるため、果皮色による適熟期の判断をさらにむずかしくしている。

■硬度と食味で収穫適期を知る

プルーンの食味は、糖度、酸度（酸含量）、ならびに硬度のバランスによって左右される。品種によって異なるが、糖度が一二％以下では食味がいちじるしく劣り、一四％以上でおおむね可食状態となる。糖度が一八％以上の果実は食味が良好で、酸含量は〇・六〜〇・八％が理想的である。また、食味は糖度と酸度のバランスで変わり、糖度が一八％以上あれば酸含量が一％以上あっても濃厚な食味となる。

果肉は、成熟にともなって軟化する。マグネステーラー硬度計の値で、果肉硬度が一〇ポンド以上ではかたすぎ、五〜一〇ポンドではややかたく、二ポンド以下ではやわらかすぎる食感となる。一般

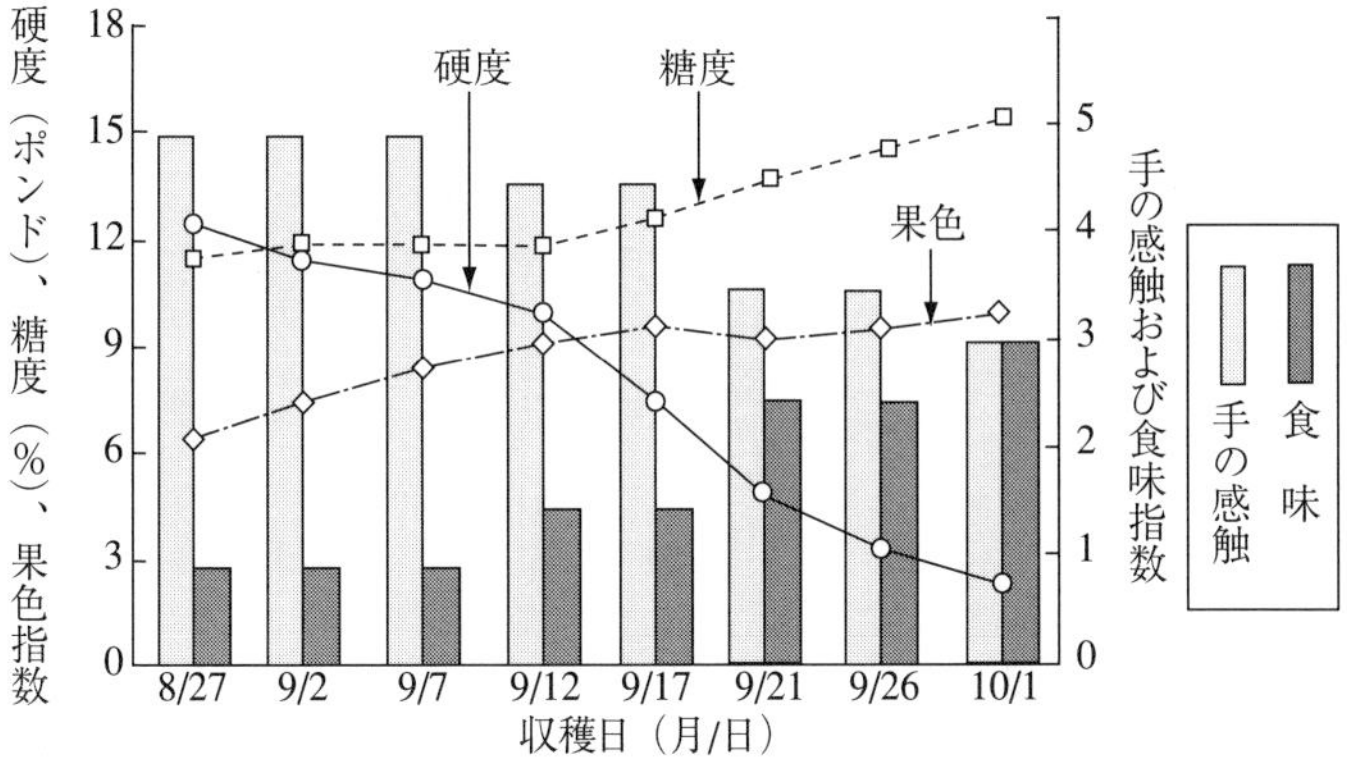

図3-31　雨よけ栽培における「スタンレイ」の収穫時期別の果肉硬度，糖度，果色の変化と手の感触による果実のかたさ程度および食味の変化（長野果試，1985）

果色　緑色～紫黒色で10段階とし，10を最高の着色指数とした

手の感触　1：軟化が進みしわが見られる　2：やや軟化　3：スポンジのような弾力　4：やわらかみが出る　5：かたい

食　　味　1：かたく食味不良　2：やや食味不良　3：適度に歯ごたえがあり食味良好　4：甘味は十分あるが肉質がくずれる　5：肉質がくずれいちじるしく食味劣る

的には、果肉硬度三～五ポンドの果実が適当な食味となる。果肉硬度は、手の感触によって果実の弾力とやわらかさを確認することでも判断できる。「スタンレイ」の場合、やわらかみが出始めるころからスポンジのような弾力のある触感が適熟果となる。もちろん、触感だけではなく、食べて食味を確認することで適熟果の判定がより適当となる（図3―31）。

以上のことから、適熟期の把握には、満開後日数や暦日から適熟果の収穫期を予測し、試しどりした果実の硬度、糖度、酸度、食味などから熟度を判断して収穫期を決める。

(2) 収穫は果実温の低い朝に行なう

果実温が高いときに収穫した果実は、日もち性が劣る。晴天日における収穫は、果実温が低い時間帯の早朝から始めて、午前一〇時までには終わらせるようにする。

収穫は、成熟の早い果実が多く分布する樹冠上部から始め、順に樹冠内部の果実を収穫する。収穫は二～三日間隔で行ない、収穫始めから収穫終わりまでに一週間から一〇日くらいを要する。

収穫果に灰星病（一三七ページ参照）の被害果が混入すると、健全な果実にも感染が拡大するため、樹上で感染果を見つけたらすぐに除去して、土中に埋めるなどの処理を行なう。

(3) 収穫期の強風に注意

収穫期に台風などによる強風の害を受けると、葉による果実のこすれ、果粉落ち、サビの発生、落果などが問題となる。収穫期に強風害を受けやすい園地では、防風ネットの設置や枝の誘引、枝つりなどの対策を行なう。

(4) 収穫後の予冷、鮮度保持

プルーンの収穫期は気温が高く、収穫した果実の品質が低下しやすい。このため、収穫した果実は灰星病などの病害果や障害果を選別して取り除き、健全な果実をすみやかに予冷処理する（果実温を五℃以下に）。

プルーン果実の貯蔵には、〇℃に近い低温が望ましいが、果実が凍らない程度に温度設定を行なう。プルーン果実は、成熟期になると果実から成熟を促進するエチレンが発生する。したがって、生果のままでは常温で長期保存はできない。また、エチレンを大量に発生する果実類（リンゴやバナナなど）と同じ冷蔵庫に入れておくと、果実の成熟が進んで軟化しやすいため、これらの果実と同じ庫内での貯蔵は避ける。庫内は九〇％程度の高湿度状態にし、果実重の減量を防止することも重要である。貯蔵性は品種により大きく異なるため、収穫後の品質管理は品種ごとに分けて行なう。

(5)　選果・荷造り・出荷

選果のさいには灰星病の被害果を徹底して取り除くことを心がける。灰星病の被害果実が出荷時に混入していると、健全な果実にたちまち感染して、小売店や消費者の手に渡ったときにパック全体が被害果でいっぱい、ということになりかねない。

生食用として出荷する果実は、プルーン果実の代表的な特性である皮に発生する果粉を落とさないように注意して取り扱いたい。また、果柄が抜けてしまうと商品価値が下がるため、選果や荷づくりにあたっては、果実をていねいに取り扱うことが重要である。

5. 収穫後の畑の管理

プルーンは収穫が終わってから落葉するまで（十一月上旬ころ）の期間が長い。この間はプルーンにとって貯蔵養分の蓄積期で、根が伸び、枝や花芽など樹体が充実する時期である。この時期の管理のよしあしによって、翌年の新根の発生から発芽、開花、新梢の伸長、そして果実の初期肥大までの生育が大きく左右されることになる。

収穫が終わると園地から足が遠のいてしまいがちだが、むしろ積極的に足を運んで、受光態勢のチェックなど行ないたい。隣接樹と交差するなど、樹冠内に十分に光が届かないような場合は間伐や枝の縮伐を検討する。落葉するまでの葉は光合成をして、同化養分の生産を行なっている。樹冠内まで十分に太陽光線を入れ、光合成を効率よく行なえる環境を整えることが重要である。また雨よけ栽培では、収穫後すみやかに被覆資材を除去する。

収穫後の管理としては、このほかに施肥や土壌改良を行なう。

Ⅳ 施肥と土壌管理

1．プルーンの養分吸収の特徴

(1) マグネシウム欠乏に注意

プルーンの台木であるミロバランスモモは、土壌適応性が比較的広い。ただし、酸素要求度は高く、気相率二〇％以上の、通気性に富んだ砂壌土から壌土が適している。

プルーンは吸肥力が強いため、若木時代は強樹勢になりやすい。その一方で、生長が旺盛な部位へと移動しやすいマグネシウムは、古い組織で欠乏症が生じやすい。マグネシウム欠乏になると、葉が葉脈を残して黄化し、さらに症状が進むと落葉する。欠乏がいちじるしい場合は、生育の初期から症状が見られる。

表3―3にプルーンの土壌診断基準を示した。土壌診断を行ない、マグネシウム欠乏の原因を明ら

表3-3　プルーンの土壌診断基準（長野県果樹指導指針）

項　　目	土　壌　の　種　類			
	砂　質	壌　土	粘　質	黒ボク土
有効土層の深さ	50cm以上	50cm以上	50cm以上	50cm以上
細根分布の深さ	40cm以上	40cm以上	40cm以上	40cm以上
ち密度	20mm以下	20mm以下	22mm以下	22mm以下
気相率	15～25％	15～25％	15～25％	15～25％
pH（H_2O）	6.0～6.5	6.0～6.5	6.0～6.5	6.0～6.5
pH（KCL）	5.0～5.5	5.0～5.5	5.0～5.5	5.0～5.5
有効態リン酸（mg）	10～30	10～30	10～30	10～25
交換性石灰（mg）	140～180	200～250	300～400	450～580
交換性苦土（mg）	25～35	40～60	70～100	100～140
交換性カリ（mg）	15～25	20～30	25～45	40～70
塩基飽和度（％）	70～90	60～80	60～80	60～80
石灰飽和度（％）	50～60	45～55	45～55	45～55
苦土飽和度（％）	16～22	15～20	15～20	15～20
カリ飽和度（％）	4～5	3～5	3～5	3～5
Ca/MgO	4～8	4～8	4～8	4～8
MgO/K_2O	2以上	2以上	2以上	2以上
CEC	10以下	10～20	20～30	30以上

注　ち密度：山中式硬度計で測定。

かにしたうえで対策を講じる。土壌中にマグネシウムが不足している場合は、酸性土壌の場合が多いので、苦土石灰などの資材を施用して土壌の改善をはかる。欠乏症状が見られた場合には、応急的な措置として、生育期に硫酸マグネシウムを葉面散布する。

また、拮抗作用によって土壌中にマグネシウムが十分量あっても、カリウムが多いとカルシウム、マグネシウムの吸収が抑制される。この場合、カリウムを含まない資材を施用することが大切である。現地のプルーン圃場ではカリウム過剰園が多く、マグネシウム／カリウム比は

2を下回っている場合が多いので、塩基バランスを修正して目標値に近づける。

(2)　三大要素のうちでは、チッソがとくに重要

チッソは根から吸収されたあと、枝、葉、果実などの部位へ移動する。また、植物体内を移動しやすい要素であるため、生長点近くの部位へも移動して利用される。プルーンは吸肥力が強いため、土壌中のチッソを吸収しやすく、チッソ施肥量が一〇アール当たり五〜一五キロの範囲内であれば、施肥量が多いほど生育旺盛となって収量が増加する傾向が見られる。

リン酸は土壌中で移動しにくい要素であるため、追肥として施用しても根に届きにくく、効果があらわれにくい。このため、定植時に土壌改良材としてリン酸を施用する必要がある。いったん、定植時にリン酸を施用してあれば、毎年多量に施用する必要がない。土壌診断結果から、不足分を補えばよい。リン酸は土壌で固定されやすい。植物への吸収率を高めるためには、酸性土壌の改善、堆肥の施用（活性アルミニウムの抑制）、熔リンなどのく溶性リン酸（緩効性で固定されにくい）を施用することが有効である。

カリウムは植物に必要以上に吸収される特性をもっているが、植物の要求量はチッソに比べればはるかに少ない。プルーンを含む多くの果樹園では、カリウムの過剰園が多い傾向であるため、カリウムが多く含まれている家畜ふん堆肥を施用する場合に注意する。

(3) 土壌のpHとCEC

プルーンの好適pHは、六・〇〜六・五の範囲内である。土壌が酸性状態になると、カルシウム、マグネシウム、カリウムなどのアルカリ成分が不足する。また、土壌が酸性化すると土壌中にアルミニウムが溶け出し、リン酸を固定し、吸収をさまたげる。また、土壌中に含まれる微量要素が溶け出して過剰障害を生じやすい。酸性土壌を改良するには、石灰質資材を施用することが必要である。

一方、カルシウムなどの塩基類を多く施用すると、土壌はアルカリ性になる。pHが高い強アルカリ土壌では、マンガンは不可給態となって植物に吸収されにくくなるため、マンガン欠乏症が発生しやすくなる。

マンガンが欠乏したプルーンは、新梢の先端を中心に葉脈間の葉緑素が抜けて黄化する。症状が重い場合は、葉が小さくなり生育不良になることもある。土壌pHが高い場合は、カルシウムの施用を中止し、施用する肥料も硫安や過リン酸石灰などの酸性肥料を用いる。

土壌が保持できる無機養分は、CEC（塩基置換容量）の数値で判断できる。この値が大きい土壌ほど塩基を保持する力が大きく、小さいと無機養分が土壌中にあふれ出し、水とともに地下へ流亡する量が多くなる。

CECは土壌の種類によって目標値が大きく異なる。プルーンはCECの値が小さく、やせた土壌では生育がわるい。また、土壌中に腐植の量が少ないと、微量要素欠乏の発生が助長されやすい。CECが目標値より低い場合は、堆肥などを投入して土壌中の腐食を増やすとともに、養分が流亡しやすいため、施肥回数を増やし、肥料も緩効的なものにするなどの対策を講じる。

2．生産量、品質と施肥

(1) 施肥は秋に八割、春に二割

樹体の養分吸収の程度は、台木、樹勢、土壌管理のほかに栽培条件によっても変わる。プルーンの果実一〇〇グラム中には、チッソ一二六ミリグラム、リン酸一〇ミリグラム、カリウム一七二ミリグラムが含まれているという報告がある。一〇アール当たり二トンの収量を得る園では、根から吸収されて果実に分配される養分量は、チッソ約二・五キロ、リン酸約〇・二キロ、カリ約三・四キロと推定される。一般に果実では、着果量が多くなると果実へ取りこまれる養分が多くなるため、施肥量を多くすることが必要となる。

極端なチッソの多施用は、果実品質の低下や環境へ悪影響をもたらすことになる。良品質果実の安定生産には、樹勢や着果状況に見あった適切な施肥量を決定する必要がある。

表3-4　プルーンの樹齢別施肥量（長野県果樹指導指針）

成分＼樹齢	2～4年生(g/樹)	5～7年生(g/樹)	8～10年生(g/樹)	11年生以上(kg/10a)
チッソ（N）	150	300	600	14
リン酸（P）	60	150	300	8
カ　リ（K）	100	200	500	12

注　目標収量：成木2t/10a

施肥の方法は、秋（九～十一月）にチッソを八割、リン酸とカリウムを全量施用する。翌春三～四月に前年の結実量や開花状況を判断しながら、必要に応じて残りの二割のチッソ量を施用する。

(2) 施肥量は成木園でチッソ一四キロ

長野県では、成木園で一〇アール当たりチッソ一四キロ、リン酸八キロ、カリウム一二キロを施肥量の基準としている。また、樹齢別の施肥基準を表3―4に示したが、樹勢を判断しながら増減することが必要となる。

有機物を施用した場合には、有機物に含まれているチッソ量を計算して化学肥料を減肥する。また、有機物中のカリウムは速効性なので、多い場合はカリウムの施肥量を控える。

(3) 有機物の施用も積極的に

果樹園地で一年間に消耗される有機物の量は、堆肥換算で一〇アール当たり一トン程度と推定される。多くの果樹園では雑草草生で土壌管理されており、堆肥の投入量が十分でない場合が多い。このため、総体的に地力が低

表3-5　有機物の分解特性による施用効果（志賀より作成）

初年目の分解特徴（C，N分解速度）	有機物例 C/N比	施用効果 肥料的	施用効果 肥沃度増	施用効果 有機物集積
すみやか（年60～80％）	鶏ふん，野菜残渣 C/N比：10前後	大	小	小
中　　速（年40～60％）	牛ふん，豚ふん C/N比：10～20	中	中	中
ゆっくり（年20～40％）	通常の堆肥類 C/N比：10～20	中～小	大	大
非常にゆっくり（年0～20％）	分解が遅い堆肥（バーク等） C/N比：20～30	小	中	大
Cすみやか（年60～80％）N取りこみ	ワラ類 C/N比：50～120	初マイナス※ 後　中	大	中

注　C/N比の値が小さいほど有機物の分解が容易に進み，肥料的効果が大きい。ワラ類のようにC/N比が大きい資材は，土壌中のチッソを取りこむため，大量に施用した場合，初年度チッソ飢餓を起こす。
※マイナスはチッソ飢餓を示す。

下し、化学肥料を多施用する傾向が多くなっている。

有機物が乏しい園地で、化学肥料のような無機肥料を施用すると、土壌中のチッソ濃度の増減が激しくなる。これに対し、油かす、魚粉、鶏ふん、きゅう肥などの有機物は、土壌微生物などによって分解され、無機態のアンモニアをへて硝酸態となって植物の根から吸収されるため、土壌中のチッソ濃度が急激に変化せず、地力の向上がはかられる。

プルーンの栽培には、生育期間を通じてチッソの肥効が切れない土壌管理が望ましく、そのためには有機物の施用を積極的に行なうことが大切である。具体的には、C／N比（炭素率）が一〇～三〇の資材を、毎年一〇アール当たり二トン程度投入することが望ましい（表３―

5)。

有機物施用のおもな効果を整理すると、次のようになる。

①土壌の理化学性の改善

施用された有機物からは腐植が生成される。この腐植は、土壌を団粒化させて通気性や透水性を改善し、塩基を保持する力を高める。

②養分の拮抗作用を防ぐ働き

有機物資材を施用すると、各要素がまんべんなく土壌中に溶出されるので、植物がバランスよく養分を吸収できる。それに対して、化学肥料を施用した場合は、成分が根からすぐに吸収されやすいため、特定の養分欠乏を起こしやすい。

③地力の増加と安定した肥効

有機物が多い土壌では微生物が増加する。有機物の分解課程でチッソが一度微生物の体の中へ取りこまれ、微生物が死ぬと分解されて無機態チッソとなる。このため、チッソの一時的な過剰吸収が起こりにくく、持続的に安定した肥効が得られる。

④静菌作用

有機物が十分に施用された土壌では、土壌微生物の量が多くなる。なかでも、細菌や放線菌が増加することで、植物の病害である糸状菌やフザリウム菌の増殖が抑制される。

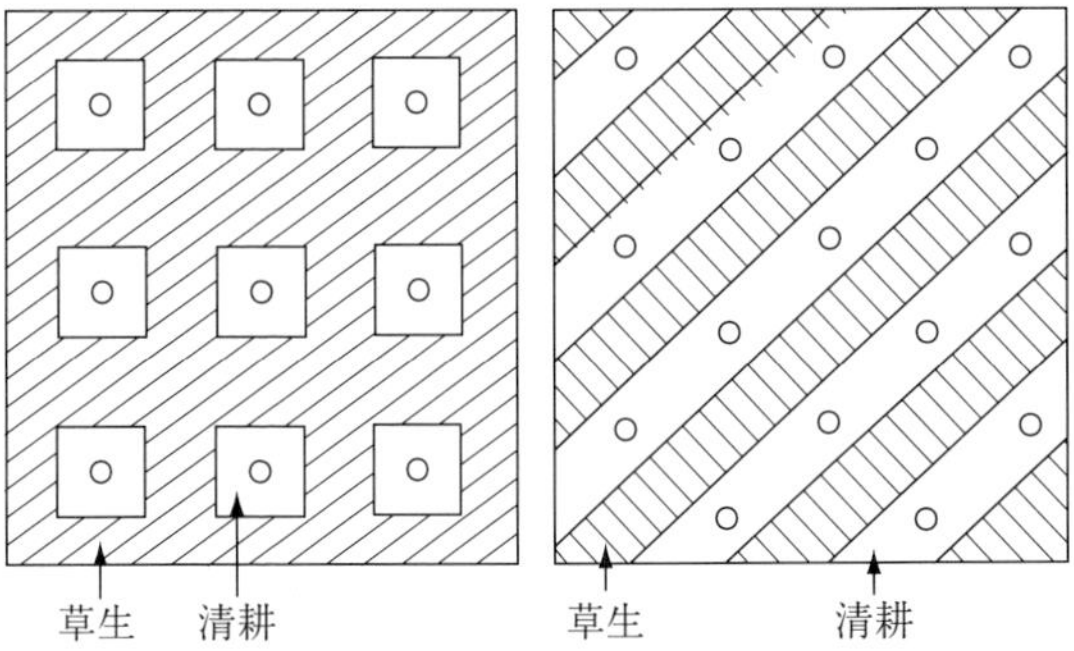

図3-32　プルーンの部分草生の方法

3. 省力の土壌管理―草生栽培のポイント

(1) 樹冠下清耕＋通路草生管理が基本

果樹園の土壌管理の方法を大別すると、清耕法、草生法、ならびにマルチ法に分かれる。それぞれの長所を最大限に活用したものに部分草生法がある。この部分草生法は、樹間（通路）を牧草などの草種で草生にし、樹冠下を清耕にする土壌管理法である（図3―32）。

通路を草生にするメリットは、①土壌構造の団粒化の促進、②スピードスプレーヤなどの大型機械の走行時の踏圧による土壌硬化の軽減、③肥料成分の溶脱抑制効果、④刈り草による腐植増加、⑤地温調整効果などである。

草生管理で、樹冠下まで全面草生にすると、植物体との養水分の競合が問題となるため、樹冠下は清耕を維持する。通路部分の牧草はこまめに刈り取って、樹冠下へマルチとして敷きこむことで、土壌の蒸発散量を抑え、地力増進をはかることが期待できる。

(2) 草種はベントグラス類やブルーグラス類が適当

草種の選択は、牧草の生育特性、耐寒性や耐踏圧性、草量、刈取り適性といった点をよく検討してきめる。牧草は、イネ科牧草とマメ科牧草に区分される。イネ科牧草のケンタッキー・ブルーグラスは、ほふく性で地下茎により繁殖するので、密生した芝生をつくることができる。また、草丈が短く、耐踏性、耐乾性などが優れている。しかし、生育のスピードがやや遅いため、生育初期に雑草に負けないように管理しなければならない。ベントグラス類は、ほふく性で草丈が短い性質で、レッド・トップは土壌に対する適応性が高く、耐寒性や耐湿性にも優れている。

(3) 草生管理の実際―播種、草刈り、五～六年に一回は耕起する

園地は、播種予定日の一〇日前ころから耕起を行ない、事前に雑草を退治する。土壌改良剤の石灰や熔リンを施用して土壌とよく混和し、レーキなどを用いて地表面を平らに整地する。

播種量は草種によって異なるが、おおむね一〇アール当たり三～五キロ程度である。雑草のない均

一な草生にするためには、この量の一・五～二倍播種する必要がある。播種の適期は、四～五月と八月下旬～九月中旬であるが、秋のほうが雑草との競合が少ない。高冷地など冬季に土の凍みあがり（霜柱がよく立つ）の心配がある地帯では、春の播種が望ましい。

播種後は、レーキなどで地表面をよくかきまわして覆土する。その後小型のローラーか板などで鎮圧する。鎮圧が不十分だと、発芽不良となりやすい。

発芽後一～二カ月間は生育が劣り、同時に発生する雑草に負けてしまうため、高刈り（三～五センチ）を行なう。刈取りは、年二～三回実施する。

草生を一〇年以上続けていると、牧草が絶えて雑草化してくる。五～六年に一回は深耕を行なって、土壌の物理性の改善を行なうとともに、草をまき直して草生の維持をはかる。

(4)　雑草草生はむずかしい

雑草草生による土壌管理園では、中耕か除草剤散布を繰り返すことが多く、牧草による部分草生法に比べて問題が多い。雑草の生育期間中は、清耕法に比べて園地からの蒸発散量が多く、降水量が少ない状態が続くと、プルーン樹と雑草との間に水分競合が起こりやすい。とくに、果実肥大期の七～八月に乾燥条件が続くと、果実肥大や収量に悪影響を及ぼすことになる。

また、雑草草生管理法では、樹冠下まで雑草が繁茂する場合が多く、雑草とプルーン樹間で養分競合が問題となり、肥料利用率がわるくなる。さらに、雑草は牧草に比べて草量が少なく、生育が均一となりにくいため、草刈りによって供給される腐植量が少ないなどの課題がある。

雑草は有機物資源として、表土保全や土壌流亡を防止する効果もあるが、牧草に比べて不利な点が多い。既存の雑草草生園を利用する場合は、こまめな雑草の刈取りや有機物の施用などの管理が必要である。

V　プルーンの雨よけ栽培

プルーンは、もともと降水量の少ない乾燥気候を好む。世界におけるプルーンの生産は、成熟期に降雨が少ない地域で取り組まれており、それも乾果の生産が中心である。日本のように夏季が高温多雨で、しかも生果の生産が主となると、裂果や果実腐敗性病害が避けられない。

裂果の発生を防止する最善策は、パイプハウスなどの雨よけ施設を利用して、果実を降雨から守ることである（表3―6）。

1．施設栽培の有利性

(1)　裂果を防ぐ最良手段

プルーン果実の裂果は、生育期後半から成熟期にかけての雨がきっかけとなるといわれているが、そのメカニズムは以下のようだと考えられる。

表3-6　「スタンレイ」の雨よけによる裂果の軽減と商品性の向上

（長野果試，1985）

調査日	区	商品化率(%)	程度別裂果発生割合（%）				
			少	中	多	甚	合計
9月7日	雨よけ	96.5	31.9	1.4	0	2.1	35.4
	露地	89.3	35.8	5.9	1.7	3.1	46.5
9月26日	雨よけ	79.0	57.0	20.0	0	1.0	78.0
	露地	9.0	6.0	6.0	29.0	56.0	97.0

注1　裂果程度　少：長さが5mm以下で，果肉に達しない実害のない極軽度の傷

中：長さが1cm以下で浅い傷

多：長さが2cm以下の裂開

甚：長さが2cm以上で深い裂開

2　商品化率　販売可能な果実の割合

表3-7　プルーン主要品種の時期別採取果実の水浸漬処理による裂果発生率と果実品質（長野果試，1987）

品種名	調査日(月.日)	果重(g)	吸水肥大率(%)	糖度(%)	酸度(%)	硬度(ポンド)	裂果率(%)
スタンレイ	8.11	35.0	1.7	10.2	0.93	13.3	40
	8.17	41.1	1.2	10.6	0.64	13.3	30
	8.24	43.0	1.6	11.3	0.51	9.6	40
	8.31	42.0	1.0	12.5	0.62	7.9	50
	9. 8	44.2	1.7	12.8	0.31	6.8	60
	*9.17	45.2	2.0	14.4	0.26	3.9	20
	9.21	47.8	1.8	16.0	0.21	3.2	30
シュガー	8. 6	45.9	2.1	13.0	1.29	7.8	70
	8.11	46.9	2.3	14.1	0.46	6.2	50
	8.17	52.8	2.8	15.1	0.33	3.8	100
	*8.24	57.3	3.2	15.3	0.23	2.9	100
	8.31	54.0	2.7	18.9	0.16	1.2	60

注　果重：水浸漬前の果重

吸水肥大率：(吸水重／浸漬前の果重）×100

水浸漬時間：12時間　*：適熟期

一般にプルーンの果実は、生育が進むにつれて、果面に微細な亀裂やサビが観察されるようになる。そして、亀裂やサビの多い果実ほど裂果の発生が多い傾向にある。

またプルーンの果実を収穫三〇日前から七日ごとに水に浸して裂果の発生率をみた試験では、成熟期までは熟度が進んだ果実ほど吸水率が高いものの、その後、完熟したあとは吸水率が低くなる傾向が認められている（表3―7）。

以上のことから、熟度が進んだ果実では、糖度の上昇による果実内の浸透圧の高まりにしたがって吸水性が増しており、果面に微細な亀裂やサビがあるとそこから水分を吸って膨圧がかかり、いっきに裂開してしまうと考えられる。実際に、裂果は成熟の一カ月前から発生し、果実の肥大や熟度が進むにしたがって増加する。ピークは成熟期の直前から成熟期にかけてである。その後、果実の肥大が停止して完熟するにつれ、裂果も少なくなってくるが、これは果肉が軟化して吸水率が低くなるためと思われる。

したがって裂果を抑えるカギは二つの要因、果面の亀裂、ヒビやサビなどの発生を抑えることと、急激な水分吸収を抑えることである。降雨の多い日本でこれを環境的にコントロールできるのは雨よけである。

じつは、果実の肥大期における土壌水分の激変は、果面の亀裂、ヒビやサビといった裂果発生の素因をもつくる。そしてもちろん、果面からの吸水のみならず、根から吸水した水分も裂果の大きな要因となる。これらを防ぐには、雨よけ施設の利用によって成熟期の降雨を避け、施設内の湿度を一定にし、土壌水分を一定に保つことが重要である。

(2) 完熟まで樹上における

雨よけ施設で栽培することで裂果の発生が抑えられれば、結果的に果実腐敗性病害の発生も減らすことができる。このため、施設内では果実が完熟するまでならせておけるので、完熟果の出荷が可能となる。

(3) 灰星病などの病害が少ない

雨よけ施設を利用した栽培では、裂果の発生を低減することによって、収穫前や出荷途中で問題となりやすい灰星病の発生を軽減することができる。

雨よけの被覆は、収穫の三〇日前ころが一般的だが、なかには発芽期から被覆する産地もある。風による幼果のすれ傷やサビの発生を軽減して、商品性の高い果実を生産するためである。この場合は、風雨によって発生が助長される黒斑病などの病害の発生も抑えられる。農薬散布の回数も削減が可能である。

(4) 計画的な作業ができる

発芽期から被覆する雨よけ栽培では、結果調節や新梢管理などの作業を、天候に左右されずに適期に行なうことができる。収穫の三〇日前に被覆を行なう一般の雨よけ栽培でも、収穫作業を降雨に関係なく行なえることから、計画的な収穫・出荷作業が可能となる。

2. 施設の構造と被覆資材

雨よけ栽培用の施設には、一樹ごとに設置する簡易なテント型および落下傘型と、ハウス型がある（図３—33）。

テント型は、一樹ごとに支柱を立て、簡易な骨組みで設置した開閉式のテントを用いた方式である。落下傘型は、樹全体を被覆資材で覆う方式である。ハウス型施設には、簡易なものから、強度や耐久性を備えたものまでさまざまあるが、プルーンの収穫期は台風シーズンと重なりやすい点を考慮し、一定の強度や耐久性を備えた施設を用いたい。

施設は、一般に材料費の安いアーチ型パイプハウスが多く用いられている。ハウスの大きさは間口六メートル、高さ四・五〜五メートル程度のものが標準的である（図３—34）。

図3-33　雨よけ栽培施設（今川昌平原図）上がパイプハウス型雨よけ施設，下左が落下傘型，下右がテント型の各簡易雨よけ施設。
簡易雨よけは，木ごとに設置し，降雨時に開き，晴天時に閉じる。

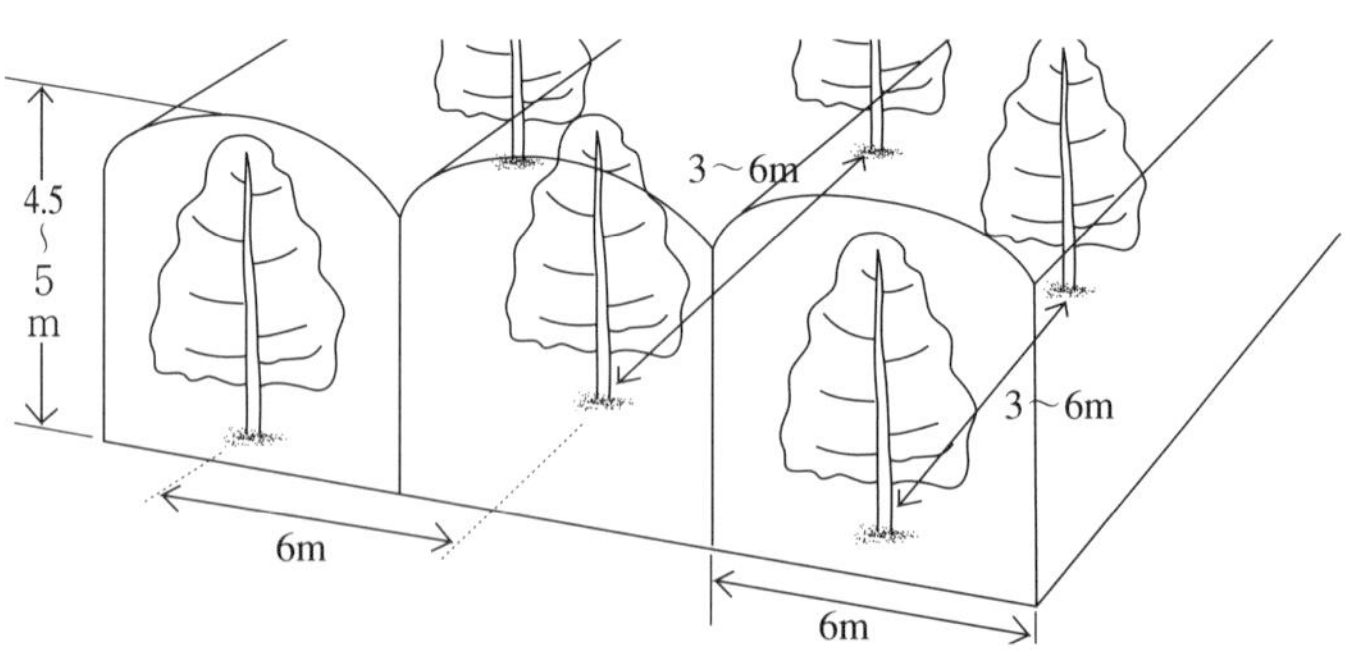

図3-34　雨よけハウスと仕立て方

パイプハウス型の雨よけ栽培用施設は、テント型や落下傘型の簡易雨よけ施設と比べると設置費用の高いことが問題である。六メートル間口のアーチ型連棟ハウスの材料費は、一〇アール当たり一〇〇〜一五〇万円程度必要である。

被覆資材には、ポリ塩化ビニルフィルムやポリオレフィン系特殊フィルムなどが適する。

3．被覆時期と栽培管理

(1)　被覆開始は成熟の三〇日前から

裂果の発生を防止することを主目的とした雨よけ栽培の被覆時期は、露地栽培で裂果の発生が多くなる、収穫予定の三〇日前ころとするのが一般的である。

長野県では、収穫の三〇日前に被覆する雨よけ栽培が一般的であるが、先に述べたように、風による幼果期の傷やサビの発生を減らして商品性の高い果実の生産を目的として、発芽期から被覆する産地もある。

(2) 真夏の高温に注意

被覆を始める収穫の三〇日前ころは、真夏の高温期にあたる。ときにハウスの中は異常な高温となる。被覆にあたっては、高温による葉焼けや幹や枝の日焼けを避けるため、ハウスを完全密閉しないで、サイドや妻部分は開放しておく。雨よけが主目的なので、ハウスのアーチ部位を中心に被覆すればよい（一三〇ページの図3—33）。

この場合、ヤガや野鳥の侵入が問題となるが、開放部をネット（目合五～六ミリ）で覆えば対処は可能である。

(3) 人工受粉で結実確保

発芽期から被覆する場合は、気温の低い開花期にハウス内を密閉しておくことが多い。訪花昆虫の飛来は、当然少なくなる。そのような条件下で結実確保をはかるには、人工受粉を行なうことが重要である（九八ページ参照）。

ただしその場合、プルーンの受精適温が二〇℃前後であること、三〇℃以上では高温障害によって受精率が低下することを考え、ハウスのサイドなどを十分に開放して換気につとめることが必要である。

(4)　かん水

裂果が発生する一方の原因が、果面の亀裂、ヒビやサビである。施設内ではこれらの発生に注意し、土壌水分の激変を避けるための水管理が必要となる。すなわち、生育初期から定期的なかん水を行ない、一定の土壌水分状態（pF二・三以下）を保つように心がけ、収穫期が近づいてきたら、かん水を控えて果実の品質向上につとめる。また収穫期前三〇日ころからは、果実に直接水があたるかん水方法を避ける。換気によって施設内の湿度を一定に保つことも重要となる。

(5)　ハウスでの栽植様式・仕立て方

雨よけ栽培の施設内での栽植様式や仕立て方は、施設の形態によって変わる。

一樹ごとに覆うテント型や落下傘型の簡易雨よけ施設の場合は、一般的な四本主枝の開心形（樹高三・五メートル）でさしつかえない。

多くの木を覆うハウス型施設栽培では、開心形や主幹形、またY字形などが取り入れられているが、ハウス内に木をコンパクトに収められるのは、主幹形である。

■並木植え＋主幹形

長野県では、雨よけ栽培を行なう場合の仕立て法として、「並木植え＋主幹形」が多く利用されている。

樹高三・五メートル、円錘形となる樹形の下部側枝の樹冠半径を一・五〜三メートル程度として構成すると、作業しやすい。

栽植距離は土壌条件などによって異なるが、間口六メートルのハウス（二連棟以上）では、列間六メートル×樹間三〜六メートルとする。連棟ハウスでは樹の配置を千鳥配置とすると、効率的に空間利用をはかることができる。主幹形仕立てでは、ハウスのアーチの中心部分に主幹が来るように栽植することが望ましい（図3―34参照）。

ハウス内でのせん定法としては、側枝は主幹に対して発生角度の広い枝を選ぶ。また、下段側枝が弱いと樹形が乱れ、樹高がハウスに収まりきれない高さとなるので、ある程度強く下段側枝を育成する。主幹上部の切り返しは樹高三・五メートルに達したら適宜切り返しを行ない、一定の樹高に保つ。

■並木植え＋Y字形（島根方式）

この仕立て法は、島根県農業試験場が高品質な完熟果を多収することを目的として取り組んでいる整枝法で、棚面に主枝を誘引してY字樹形を構成する（図3―35）。Y字形整枝では主幹形と比べて、太陽光を有効利用できるため、高品質果実を多収できるとしている。

栽植方法は、列間五〜六メートル×樹間三〜四メートルの並木植えとして、樹間の真ん中に間伐樹を配置する。栽植距離は、土壌条件などにより調節する。列の方向は受光効率のよい南北方向とする。

図3-35　Y字形整枝　（倉橋孝夫原図）

Y字の棚は、ハウス内にパイプを二本ずつX字に地上六〇センチの位置で交差させ、高さ三メートルの位置で隣の列のパイプと交わるように組み固定する。これを基本の支柱組みとして列方向に一定間隔でおき、横通しのパイプで固定したうえで、縦横に番線を張って棚とする（図３―36）。

植え付けた木は、地上四〇～五〇センチの位置で主幹を分岐させ、主枝を両側の棚面へ伸ばしてY字形とし、それぞれの主枝から亜主枝を三～五本ずつ取り出す。若木時代にこの主枝と亜主枝の骨格を決め、将来の結果枝構成を考えながら棚面に側枝などを誘引・配置していく。ただし、主枝の先端は弱めないように、支柱を添えて立てておく。成木になってから、棚面に誘引する。はじめから棚つけしてしまうと、主枝の先端が弱くなり、側枝が強大化するなど主枝や亜主枝の骨格形成に支障をきたす場合がある。

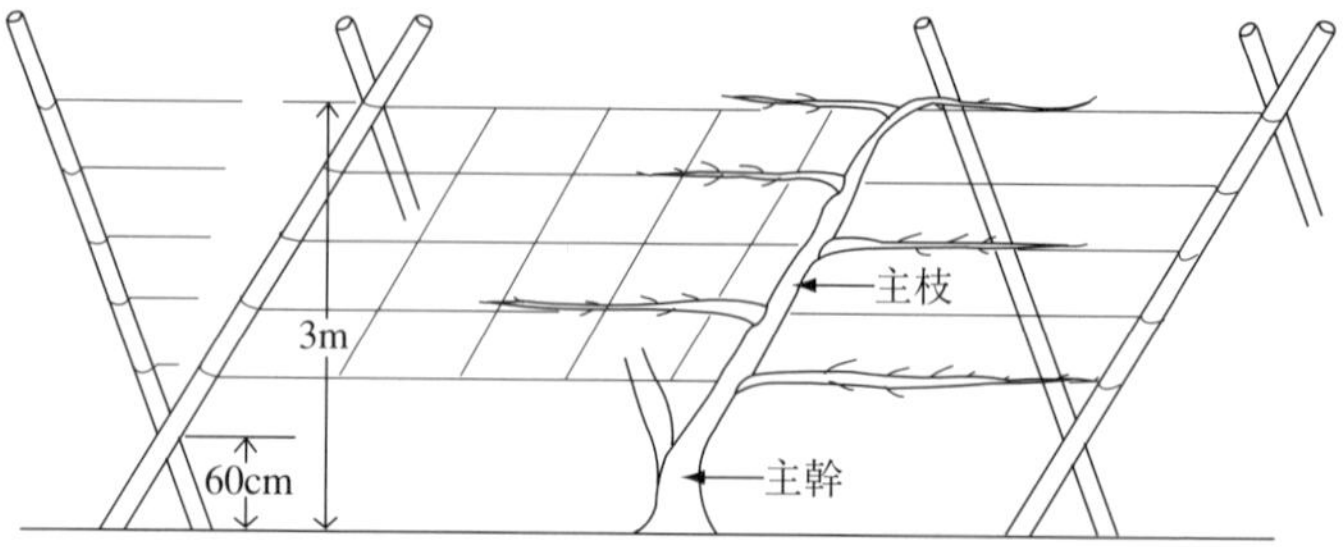

図3-36　Y字形仕立ての模式図

成木になると、主枝の分岐部付近（Y字形の中心部）は枝が込んで受光環境がわるくなるため、主幹近くの枝はせん除して受光態勢を改善する。

■主幹形、Y字形のメリット、デメリット

同一条件下で主幹形とY字形の収量性、品質間差、作業性などについて検討した試験は少ない。おのおの試験例から判断すると、収量性に優劣はないと思われる。果実品質は、Y字形のほうが主幹形に比べ太陽光を有効利用できるため、高品質果実の比率が高まると思われる。

作業性は、Y字形が棚面に対しての横移動であるのに対して、主幹形は一本一本の独立樹に対して取り囲む作業となるので、Y字形のほうが作業効率はよいと思われる。ただし、成木になるまでの樹形形成については、Y字形は新梢の棚面への誘引や徒長枝のせん除などの夏季管理の点で主幹形より労力を要する。

経費的には、Y字形は棚面を組む必要があるため、そのぶん主幹形と比べて資材費がかかる。

VI　病害虫防除

二〇〇三年三月十日の農薬取締法の改正・施行以来、従来にまして農薬使用の基準が厳密になっている。また、安全な農産物を生産・供給することは、生産者にとってもっとも基本的な立場である。プルーンに対する登録農薬は少なく、実際の防除では苦労することが多いが、このことを踏まえて、農薬の適正使用を心がけるようにする。

また、登録農薬は年々変わっていくので、登録条件に適合した薬剤の選択と防除基準に基づいた使用法を確認して使用することが重要である（巻末に二〇〇三年の長野県における年間防除暦の例と、薬剤の適正使用基準の一覧を掲載したので参考にしてほしい）。

1．おもな病気と防除法

■灰星病（図３—37）

灰星病の被害には花腐れと実腐れがあり、とくに後者が問題となりやすい。実腐れは、幼果と成熟

図3-37　灰星病罹病果

果に発生し、五月下旬～七月上旬に幼果が、八～九月に成熟果が発病する。

幼果での症状は、感染当初に暗褐色の小斑点が生じ、しだいに拡大して病斑上に分生胞子を形成する。幼果への感染は、花器に感染して生じる花腐れ症状から伝染することが多い。

病原菌の密度が高まる六月上旬～七月の梅雨期に二次感染がさかんに起こり、感染果の果面には微少な黒点型病斑が多数できる。この時期に感染した果実で症状が激しい場合は、黒点型病斑が互いに融合して、かさぶた状のサビ病斑となる。サビ病斑や黒点型病斑は、果実を腐敗させずにそのまま残り、収穫期の品質をいちじるしく損ねる。

プルーンは成熟すると裂果しやすく、そのあとに灰星病が生じやすい。成熟期（着色期）以降に感染した果実は、果肉が軟化腐敗し、多くは感染後数日のうちに腐敗する。腐敗した果実の病斑上では分生胞子が大量に形成され、放出される胞子は二次感染のもとになる。

灰星病の発病程度には品種間差が認められ、「スタンレイ」や「グランドプライズ」で発病が多く、「サンプルーン」は発病が少ない。

防除は、園地の灰星病菌密度を減らすことが重要で、落果した被害果や樹上の被害果の除去、冬季せん定時における被害枝の切り取りと除去をすみやかに行なう。また、生育期に発病した果実は、二次感染を減らすため、見つけ次第集めて土中に埋める。雨よけ栽培は、降雨によって生じる裂果を防止するので、灰星病発生軽減に有効である。

薬剤散布は、罹病性の高まる収穫一カ月前からの対応が重要で、一〇日ほどの間隔で予防散布を徹底する。また前年に灰星病の発生の多かった園では、花腐れ予防のため、開花期から落花期にかけて薬剤散布をする必要がある。

プルーンの灰星病の病原菌はモモ、オウトウ、ニホンスモモなどに感染するものと同種である。

■炭そ病

同じスモモ亜属でも、プルーンに発生し、ニホンスモモには発生しない病害である。

病徴は果実、葉、ならびに葉柄に発生する。果実に発病した場合に被害が大きな問題となる。幼果期に感染した果実には、黒褐色で数ミリ以下の円形病斑が生じ、のちに褐色に陥没して周囲に亀裂を生じる。この症状は停止型病斑とよばれる。また、七月中旬ころから収穫期にかけて感染した果実は、発病後に急速に腐敗することが多い。この症状は腐敗型病斑とよばれる。後者の場合、病斑は円〜楕円形に陥没し、やがて軟化して、病斑上に淡橙色のねばねばした分生胞子塊を生じる。発病果は早期落果するものが多い。炭そ病では、停止型病斑から腐敗型病斑へ移行することはほとんど見られない。

病原菌は果台、落葉痕、芽などの組織内で越冬する。越冬した病原菌は、翌春に分生胞子を形成して六月ころから果実に感染を始める。感染した果実で形成される分生胞子は二次伝染のもととなる。

発病には品種間差があり、「スタンレイ」で多く、「サンプルーン」で少ない。

防除には、園地の菌密度を減らすための環境整備が必要で、被害果を見つけ次第、除去して土中に埋める。また、多発園では発生の少ない品種に切り替えることも有効な方法である。現在、登録農薬がないため、薬剤による防除はできない。

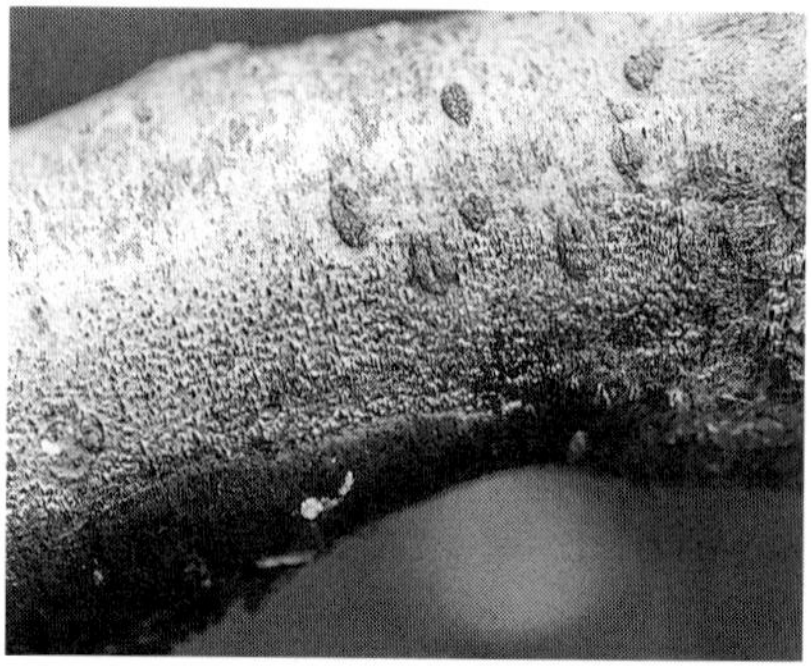

図3-38　胴枯性病害

■胴枯性病害（図3—38）

胴枯性病害は糸状菌病であり、結果樹齢に達した若木に発生が多い。

発病初期には皮目を中心に楕円形の小型陥没病斑が生じる。また病斑部から樹脂の漏出が見られることもある。病斑が拡大すると樹皮が赤褐色に腐敗し、枝枯れ症状や樹全体が枯死する症状を生じる。病斑上には黒色小粒点（柄子殻）が形成される。発病は木の各部位に見られるが、主幹基部や太枝に発生すると被害が大きく、枯死することもある。

ほとんどの品種で発病するが、「スタンレイ」でとくに発生が多い。「サンプルーン」での被害では、病斑部からの樹脂漏出が認められる症状が多く、枯死にいたる例は少ない。

胴枯性病害の病原菌は、凍害などによる樹体の傷口から感染する場合が多い。凍害防止や日焼け防止のための白塗剤を塗布することは重要な防除対策となる。また胴枯性病害は樹勢が低下すると発生しやすいので、適正な着果量、肥培管理、ならびに水分管理などに注意する。水田転換畑では排水対策を十分に行なうとともに、有機物を施して土壌の物理性や化学性を改善することが重要である。

■**樹脂症**（図3―39）

図3-39　樹脂症

枝や幹から樹脂（ヤニ）が漏出して樹勢が低下する障害で、「樹脂症（ヤニ症）」とよばれている。樹脂症は核果類で発生が多いが、病原菌が特定されていない。生理障害に起因する可能性も考えられている。

樹脂症の症状の特徴は、枝幹の皮目周辺からの樹脂の漏出で、ほとんどのプルーン品種で発生が見られる。症状が激しいと樹勢が低下して枯死することがあるが、多くの場合は、生産に実害を生じるほどの樹勢低下にはならない。細枝に発生すると、先枯れを起こす。

樹脂症の発生は、チッソ過多や強せん定による強樹勢樹、強酸性土壌、排水不良や乾燥の激しい土壌、凍霜害被害樹、コスカシバの食害樹などで多い傾向が認められている。これらへの対策が、樹脂症を防ぐうえで有効である。

■黒斑病

プルーンにおける黒斑病の病原菌は、モモのせん孔細菌病ならびにニホンスモモの黒斑病と同一の細菌である。葉、果実、枝に感染する。葉に感染すると、葉脈に沿って茶褐色の不整形病斑を生じる。病斑が古くなると葉に穴があき、早期に落葉する。果実に感染すると、亀裂のある数ミリの黒色病斑を生じ、ヤニを漏出する。枝に感染すると、黒色で亀裂のある病斑を生じる。

発病には品種間差が大きく、「ベイラー」でとくに発生が多い。「パープルアイ」や「サンプルーン」でもわずかに発生する。

病原菌は、枝に発生した病斑付近の組織内や芽の付近に潜伏感染して越冬する。越冬した病原菌は、春に新たに形成された枝病斑から雨滴によって葉、新梢、幼果へ一次感染する。一次感染した葉や果実の被害部からは、病原菌が雨滴により分散して、二次感染する。五〜六月の降雨の多い時期に発生しやすく、風あたりが強い地帯で発生が多くなる。

細菌病のため薬剤散布による防除には限界があり、園地の菌密度を減らすための環境整備が必要となる。枝病斑のせん除や暴風対策（防風ネット、防風林など）が重要となる。薬剤散布は五月上〜中旬と、五月下旬〜六月上旬に行なう。

2．おもな害虫と防除法

■シンクイムシ類

プルーンに寄生するシンクイムシ類は、モモシンクイガ、ナシヒメシンクイ、スモモヒメシンクイなどであるが、おもに加害するのはモモシンクイガとナシヒメシンクイである。

モモシンクイガの成虫は、六〜九月に出現して、おもに果実のがくあ部に産卵する。ナシヒメシンクイの成虫は、年間数回発生してやわらかい新梢の先端部や果実のこうあ部に産卵する。

プルーンやニホンスモモを好んで寄生するスモモヒメシンクイは、ナシヒメシンクイの近縁種である。成虫は五月中旬〜六月中旬と七月中旬〜八月上旬の二回発生し、果実のみに産卵する。六〜七月に新梢の枝折れが少なく、六月下旬〜七月上旬と八月上・中旬に落果した果実内にさなぎが見つかればスモモヒメシンクイと判断できる。

成虫発生期が防除時期であり、幼虫の食入防止を目的として薬剤を散布する。また、冬季の粗皮削り、心折れ枝や被害果の処理なども重要である。

■アブラムシ類

プルーンを加害するのは、モモアカアブラムシとモモコフキアブラムシである。両虫とも春先、新葉が展開する五月ころから寄生を始めるが、モモコフキアブラムシのほうがモモアカアブラムシより発生時期が遅い。被害葉は裏面に向かって巻かれて縮んだようになり、新梢の生育が停止する。

防除法は、発生初期の五月ころに薬剤散布を行なう。

■ハダニ類

雨よけ栽培で多く発生し、ビニル被覆後に急増する。ナミハダニが主体であるが、リンゴハダニやカンザワハダニも加害する。

夏季の高温乾燥の条件のもとで多く発生する。多発すると葉が黄褐色となり、果実品質に悪影響を及ぼす。また、ナミハダニが多発すると早期落葉につながる場合がある。プルーンでのハダニ類の発生は、年間七〜八回と多く、多発してからでは防除がむずかしい。

また耕種的には、粗皮削りやこまめに下草刈りを行なって、ハダニの増殖しにくい環境を整備することが重要である。

また、一般的には梅雨明け後の七月下旬〜八月上旬に薬剤散布を行なう。

■カイガラムシ類

ウメシロカイガラムシやサンホーゼカイガラムシなどが加害する。ウメシロカイガラムシは、枝や幹、とくに太枝に寄生して樹液を吸汁する。また、幼虫は果実にも寄生し、寄生部に赤斑を生じる。サンホーゼカイガラムシは一〜三年枝に寄生する。被害が多いと枝が枯死することもある。果実にも寄生し、寄生部には赤色の斑点ができる。

防除は、休眠期に粗皮削りをして、越冬虫を減少させる。また、十一月中旬〜十二月上旬に薬剤散布を行なう。

■コスカシバ

幼虫が枝幹部から食入して形成層を食い荒らす。食入孔からは虫ふんの混じった樹脂が漏出する。樹脂の漏出は他の原因でも生じるが、虫ふんが混じっていることで区別できる。被害樹は樹皮が荒立ち、さらに寄生を受けやすくなり、樹勢が弱まる。

発生は年一回である。幼虫は被害部で越冬する。越冬時の幼虫の発育は不ぞろいであるため、成虫への羽化も長期間にわたる。成虫は、早いものでは五月下旬から見られるが、多くなるのは八月下旬からで、九月上・中旬が最盛期となり、十月上旬には少なくなる。

防除は、食入幼虫を対象に行なうが、現在登録農薬がないため、薬剤による防除はできない。幼虫による食入孔を見つけ次第、幼虫を針金などで捕殺する。

第4章 プルーンの加工、楽しみ方

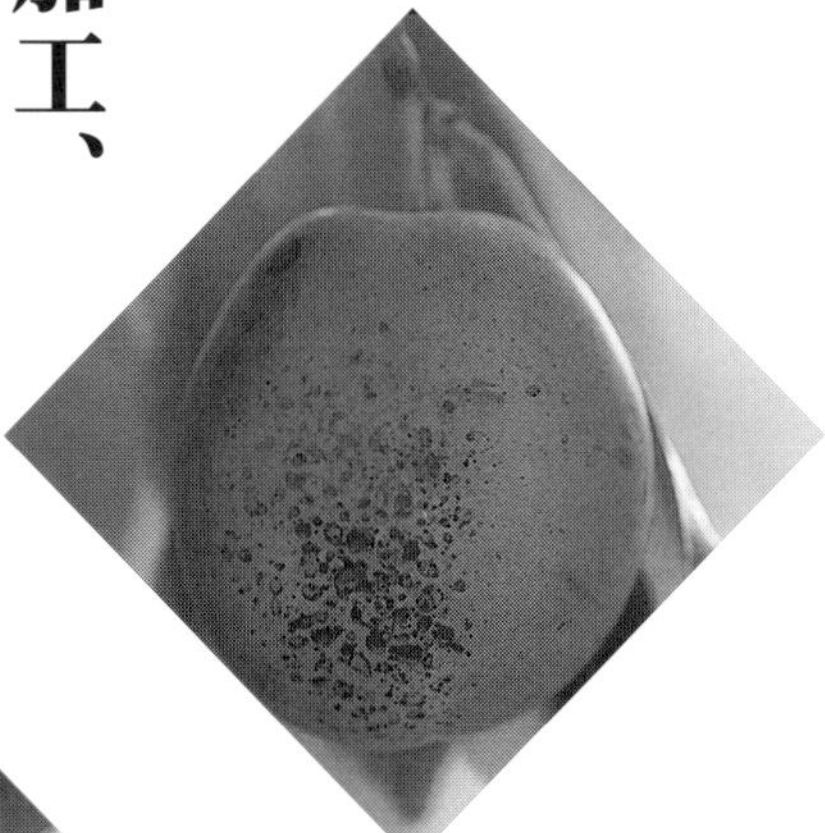

1．プルーンの加工

(1) 乾燥果実

プルーンの乾燥果実（以下、乾果）は、アメリカから安く大量に輸入されており、国産果実による乾果生産はほとんど行なわれていない。ここでは乾果生産がさかんな欧米における乾果生産の過程について紹介する。

まず、プルーンの果実を樹上で完熟させ、ある程度乾燥した状態までならせておく。収穫したプルーンの果実は、乾燥工場へと運び、そこでさらに乾燥させる。

工場では、水分が一八％程度になるまで一八～二四時間かけて乾燥させる。この過程で水分が蒸発して、生果の三分の一程度の果実重の乾果が完成する。

自家用で乾果を楽しむ方法としては、アンズなどと同様、次のようにするとよい。

乾燥する果実は、スタンレイやベイラーなど離核の品種が種が取り出しやすく、適している。また糖度が高い品種のほうが乾燥のさい、カビが生じにくいと思われる。やはりある程度、樹上で完熟させたほうがよいかもしれない。

果実はよく洗い、皮を剥かずにそのまま二つ割りにして、種を取り出す。二つ割りにしたほうが丸ごとより容易に乾燥できる。丸ごと乾燥させる場合は、種は残したままにする。乾燥は天日か、乾燥機などを用いる。

乾燥した果実を長期間保存する場合は、腐敗を防ぐためにビニル袋などに小分けして冷凍する。

(2) ジャム

プルーンの生果を使い、家庭でも手軽に加工できるのがジャムである。利用や保存が手軽にできるので人気が高い。

▼材 料

プルーン生果 一キロ
砂糖 三〇〇グラム

▼つくり方

①プルーンは果柄をとり、よく洗い、二つ割りか四つ割りにして種を取り除く。
②プルーンを鍋に入れ、砂糖の三分の一をまぶし、火にかける。
③こがさないように弱火でかき混ぜながら、残りの砂糖を二回に分けて加え、煮詰める。
④できあがりのめやすは、水にジャムを落として、すぐに散らばらなければＯＫ。

⑤殺菌したビンに詰め、沸騰したお湯に一五分ほど漬け、自然にさます（ビニル袋などに入れ、冷凍保存し、食べるつど解凍するのもよい）。

(3) エキス、ジュース

乾果やジャムのほかに、エキスやジュースもプルーンの加工品として知られている。これらは、長期間保存できる、手軽に利用し（食べ）やすい、料理に使いやすい、などの理由から人気がある。

一般的に加工品というと、加工の過程で熱処理をすることで、栄養成分が損なわれることがある。しかしプルーンの場合、熱処理しても生果や乾果の栄養成分が損なわれることが少ない。エキスやジュースを摂取する場合でも、生果や乾果を食した場合と同様の栄養補給効果が期待できる。

エキスは、プルーン生果の栄養成分を抽出して、濃縮したものである。乾果やジャムと異なり、コクがあり、なめらかな食感が特徴である。そのまま食してもよいが、砂糖の代わりに料理にも手軽に利用できる。

ジュースは、濃縮果汁に水を加えて戻した「還元ジュース」が多く利用されている。ジュースを炭酸飲料などの代わりに利用すれば、プルーンの栄養成分を手軽に補給できるので、便利である。

2．プルーン果実のいろいろな料理、お菓子

(1)　プルーンのフライパンケーキ

▼**材　料**（直径約二〇センチのもの一個分）

ケーキ生地

薄力粉	七〇グラム
ベーキングパウダー	小さじ二分の一杯
無塩バター	七〇グラム
卵	一個
グラニュー糖	四〇グラム
バニラオイル	少々
サラダ油	少々
プルーン生果	四～五個
グラニュー糖	大さじ一杯半

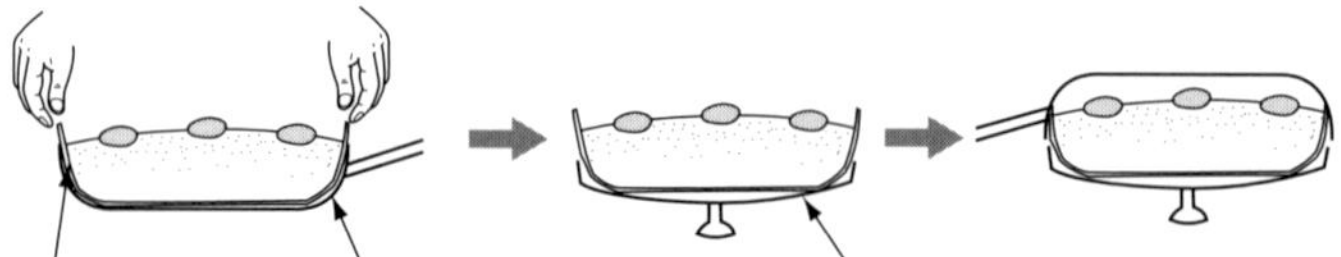

図4-1　ケーキの返し方

▼つくり方

①ボウルに室温にしばらくおいてやわらかくした無塩バターとグラニュー糖を入れ、泡立て器でクリーム状になるまでよくすり混ぜる。
②①にあらかじめ溶きほぐしておいた卵を少しずつ加えてよく混ぜ、バニラオイルを加える。
③薄力粉とベーキングパウダーをあわせてふるい、これを二回に分けて入れ、ゴムべらでさっくりと混ぜる。
④アルミホイル（三枚重ね）を敷いたフライパンにサラダ油を薄くのばし、③の生地を流しこむ。
⑤ゴムべらで生地を平らにし、ふたをして弱火で一〇～一二分焼く。
⑥表面に穴があいてふっくらしてきたら、薄いくし形に切ったプルーンを並べる。再びふたをして約二分焼く。
⑦⑥にグラニュー糖をふりかけ、裏返す。アルミホイルごとふたにのせて、ひっくり返すとうまくいく（図4―1）。
⑧ふたをして弱火で五～六分焼いて、プルーンにあめ色の焼き色がつけばできあがり。

(2)　プルーンのワイン煮

▼材　料

プルーン生果　五〇〇グラム
砂糖　一〇〇〜一三〇グラム
水　四分の一カップ
赤ワイン　四分の一〜二分の一カップ
レモン汁　一個分

▼つくり方

①プルーンは洗って水気をふき、表面に金串で穴を一、二カ所あける。
②鍋に水、砂糖、赤ワインを入れて火にかけ、砂糖が溶けたら、プルーンを入れて中火にして約五分煮る。
③弱火にしてレモン汁を加え、二〇〜三〇分、煮くずさないように静かに煮含める。

(3)　プルーンの甘露煮

▼材　料

プルーン生果　一キロ
砂糖　　　三〇〇グラム
水または湯　二分の一カップ

▼つくり方

①プルーンをよく洗い、フォークで一〇カ所くらい穴をあける。
②①を鍋にひとつ並べにし、砂糖と水を加え弱火にかける。砂糖が溶けブツブツ煮上がり始めたらすぐ火を止める（火が強かったり、いつまでも煮ているとパンクしてしまう）。
③②が冷めたら、プルーンを裏返してから、ふたたび火にかけ弱火で煮、煮上がり始めたら、すぐに火を止める。
④③が冷めたら、もう一度弱火にかけ、汁が少し残るくらいまで煮る（仕上げは好みに応じて、汁気がかなり残っているくらいでポッタリふっくら仕上げてもよい）。

(4)　プルーンの砂糖漬け

▼材　料

プルーン生果　一キロ
焼酎（三五度）　三カップ
砂糖　五〇〇～六〇〇グラム

▼つくり方

〈下漬け〉

①プルーンを洗って水気をふき、二つ割りにして種をとる。

②ビンにプルーンを入れ、焼酎を加える。このとき、プルーン全体が焼酎に漬かっているように上を押して沈め、ふたをする。

③一カ月ほどしたら、焼酎からプルーンをあげる。残った汁は、果実酒として飲める。

〈本漬け〉

④ビンに少量の砂糖を敷き、プルーンを並べ砂糖をふり、交互に漬ける。かるく重石をしておく。

⑤砂糖が溶けてから一カ月くらいで食べられる。

(5) プルーンの蒸しパン

▼材　料（カップ一〇個分）

プルーンの甘露煮　五〜六個
リンゴ　五〜六切れ
小麦粉　二〇〇グラム
ベーキングパウダー　小さじ二杯
卵　一個
砂糖　大さじ二杯
牛乳　二〇〇ミリリットル

▼つくり方

①プルーンの甘露煮（一五四ページ参照）を広げて、半日から一日乾かす。
②リンゴの皮をむき、一二個のくし形に切って、塩水にさっと浸し水気をきり、プルーンの甘露煮と同じつくり方で煮て、半日から一日乾かす。
③小麦粉とベーキングパウダーをあわせてふるいにかける。
④ボールに卵を溶いて砂糖を加え、牛乳も入れ③と混ぜる。

⑤乾かしたプルーンの種をとって二〜三個に切ったものと、乾かしたリンゴを五ミリ角に切ったものを④に入れて混ぜる。
⑥アルミカップに入れて強火の蒸し器で一五〜二〇分蒸す。

なお、ここで紹介した料理の一部については、関東農政局長野統計情報事務所佐久出張所発行の「プルーンてなに」、ＪＡ全農長野発行の『信州の果実』を参考とさせていただいた。

■付録　長野県におけるプルーンの防除暦の例

以下はいずれも2003年（平成15年）の長野県における防除基準である。他県についてはそれぞれの県ごとの基準を遵守し，農薬登録に関する情報（登録の失効，使用方法の変更等）もそのつど確認しながら使用する。

なお，長野県農作物病害虫・雑草防除基準の原本では，プルーン・ニホンスモモの防除基準として表記してある。

1）年間防除暦（長野県，2003年）

時期	散布薬剤と調合法（水100*l*当たり）	発生病害虫名（**太字**は防除重要病害虫）	注　意　事　項
発芽直前（3月中旬）	水（86*l*） 展着剤 石灰硫黄合剤 14*l*	**ふくろみ病** 胴　枯　病	1.ふくろみ病はソルダムに多い。 2.石灰硫黄合剤にかえてジラム・チウラムフロアブル（ダイボルト，パルノックス）の500倍液を散布してもよい。 3.石灰硫黄合剤は皮膚に刺激があるので注意する。
開花期	水 展着剤 殺菌剤 （ロブラール水和剤66g バイコラール水和剤50g トリフミン水和剤100g のいずれか）	**灰　星　病**	1.花防除はその後の灰星病の発生を防止するうえで重要である。前年発生の多かった園では必ず防除する。 2.開花期間中雨の多い場合は落花直後にも散布する。 3.バイコラールは展葉期以降のブドウに薬害を生じる。
5月上・中旬	水 展着剤 殺菌剤 （ストレプトマイシン水和剤〈20%〉100g） 殺虫剤 （スカウトフロアブル 50m*l*）	**黒　斑　病** **かいよう病** **アブラムシ類** ハマキムシ類	1.黒斑病発生地帯ではこの時期から10日おきに2，3回ストレプトマイシン水和剤（20%）1,000倍液を散布する。 2.ストレプトマイシン水和剤は，満開約30日前～14日前のブドウ樹にかかると種なし果を生ずる。 3.花腐れは果実への伝染源となるので早めに摘除する。 4.ふくろみ病の被害果は早期に除去する。 5.スカウトフロアブルは蚕毒，魚毒がきわめて強く，使用地域の指定があるので，これ以外では使用しない。

6月中・下旬	水 展着剤 殺菌剤 ※（灰星病防除対策） 殺虫剤 （ダーズバン水和剤100g ダイアジノン水和剤 100gのいずれか）	**灰　星　病** **炭　そ　病** **シンクイムシ類** ハマキムシ類 アブラムシ類	1.プルーンでは，この時期から炭そ病の発生がある。病果は見つけ次第，土中に埋める。
7月上・中旬	水 展着剤 殺菌剤 ※（灰星病防除対策） 殺虫剤 （アディオンフロアブル66m*l*，スカウトフロアブル50m*l*のいずれか）	**灰　星　病** **炭　そ　病** **アブラムシ類** シンクイムシ類	1.果実にかかるよう十分散布する。 2.アディオン，スカウトは蚕毒・魚毒がきわめて強く，使用地域の指定があるので，これ以外では使用しない
7月下～8月上旬	水 展着剤 殺菌剤 ※（灰星病防除対策） 殺虫剤 （ダーズバン水和剤100g，ダイアジノン水和剤100gのいずれか） 殺ダニ剤 （マイトコーネフロアブル100m*l*）	**灰　星　病** **炭　そ　病** **シンクイムシ類** **ハ　ダ　ニ　類**	
8月中・下旬	水 展着剤 殺菌剤 ※（灰星病防除対策） 殺虫剤 （スカウトフロアブル50m*l*，アディオンフロアブル66m*l*のいずれか）		1.9月以降に収穫する品種では9月上旬にさらに灰星病防除薬剤を散布する。 2.スカウト，アディオンは蚕毒・魚毒がきわめて強く，使用地域の指定があるので，これ以外では使用しない。

※灰星病防除対策

1.収穫1カ月前ころからかかりやすくなるので，各品種とも1カ月前ころから収穫期まで防除を徹底する。
2.防除薬剤は，ロブラール水和剤1,500倍液，バイコラール水和剤2,000倍液，アンビルフロアブル，トリフミン水和剤1,000倍液のいずれかを10日おきに散布する。
3.耐性菌の発達を防止するため，同一系統薬剤を連用せず，ローテーション使用する。バイコラール，アンビル，トリフミンは同一系統である。
4.病果は見つけ次第摘除し，土中に埋める。

11月中～12月上旬	水（96*l*） 殺虫剤 （マシン油乳剤〈97%〉4*l*）	カイガラムシ類	1.なるべく温かい日を選んで，ていねいに散布する。

長野県では試験していないが，防除基準を補完するために以下の農薬を記載した。

病害虫名	薬剤名	使用期間	使用回数	使用濃度
灰星病	ベルクート水和剤	収穫14日前まで	3回以内	1,000倍

注　農薬のラベルに記載されている注意事項を必ず読む。

2）農薬適正使用基準（長野県，2003年）

	薬剤名	剤　型	使用方法	使用時期	使用回数
農薬適性使用基準（殺菌剤）	アンビル	フロアブル	散布	収穫前日まで	2回以内
	ジラム・チウラム〔ダイボルト，パルノックス〕	フロアブル	散布	発芽前	1回
	ストレプトマイシン	水和剤	散布	収穫14日前まで	5回以内
	石灰硫黄合剤		散布	発芽前	—
	トリフミン	水和剤	散布	収穫前日まで	3回以内
	バイコラール	水和剤	散布	収穫7日前まで	3回以内
	ロブラール	水和剤	散布	収穫前日まで	3回以内
農薬適性使用基準（殺虫剤）	アディオン	フロアブル	散布	収穫7日前まで	2回以内
	スカウト	フロアブル	散布	収穫前日まで	3回以内
	ダーズバン	水和剤	散布	収穫14日前まで	2回以内
	ダイアジノン	水和剤	散布	収穫21日前まで	4回以内
	マイトコーネ	フロアブル	散布	収穫3日前まで	1回
	マシン油	乳　剤	散布	休眠期（発芽前）	3回以内

注　使用回数はその薬剤（商品）の使用回数であるので，それぞれの薬剤に含まれる成分ごとの総使用回数をこえないよう注意する。

参考文献

科学技術庁資源調査会編『五訂日本食品標準成分表新規食品編』二〇〇〇年
伊藤三郎編『果実の科学』朝倉書店、一九九一年
平井俊次著『身近にあるくだものの機能性』JA長野経済連、二〇〇〇年
日本果樹種苗協会編『特産のくだもの　プルーン』一九九一年
『農業技術大系・果樹編』第六巻追録第一五号、農文協、二〇〇〇年
河瀬憲次編著『果樹台木の特性と利用』農文協、一九九五年
高橋国昭編著『物質生産理論による落葉果樹の高生産技術』農文協、一九九八年
長野県経済連編『果樹指導指針』二〇〇一年
久郷晴彦著『ミラクルフルーツ　プルーン』保険同人社、二〇〇一年
長野統計情報事務所佐久出張所編『プルーンてなに』一九九九年
JA全農長野編『月刊　信州の果実』一九九七年十月号

著者略歴

宮澤　孝幸（みやざわ　たかゆき）

1958 年，長野県生まれ。東京農業大学農学部卒業。

農林省を経て長野県に勤務。下伊那農業改良普及センター，長野県果樹試験場から，現在は上伊那農業改良普及センターで果樹の栽培指導にあたっている。

おもな著書に，『青果物・花き鮮度管理ハンドブック』（サイエンスフォーラム，共著），『農業技術大系・果樹編』第 6 巻追録第 15 号（農文協，共著）などがある。

田尻　勝博（たじり　かつひろ）

1968 年，長野県生まれ。信州大学農学部卒業。

南安曇農業改良普及所（現，松本農業改良普及センター豊科支所），上伊那農業改良普及センター・駒ヶ根支所を経て，1997 年より長野県果樹試験場育種部に勤務。

著書に『農業技術大系・果樹編』第 6 巻追録第 15 号（農文協，共著）がある。

◆新特産シリーズ◆

プルーン

—栽培から加工、売り方まで—

2003 年 9 月 30 日　第 1 刷発行
2014 年 1 月 15 日　第 6 刷発行

著　者　宮澤 孝幸
　　　　田尻 勝博

発行所　一般社団法人　農山漁村文化協会
郵便番号　107-8668　東京都港区赤坂 7 丁目 6-1
電話 03(3585)1141（営業）　03(3585)1147（編集）
FAX 03(3589)1387　　振替 00120-3-144478

ISBN978-4-540-03088-8　　製作／㈱河源社
〈検印廃止〉　　印刷／㈱新協

製本／根本製本㈱
Printed in Japan　　定価はカバーに表示
乱丁・落丁本はお取り替えいたします。

—中山間地活性化に向けて—

新特産シリーズ

黒ダイズ
松山善之助他著　1571円＋税
食品機能性豊富な黒ダイズの栽培法から加工まで。最近話題のエダマメ栽培や煮汁健康法も解説。

ニンニク
大場貞信著　1571円＋税
球・茎・葉ニンニクの栽培から加工までを一冊に。施肥と春先灌水で生理障害をださずに良品多収。

カラーピーマン
三村裕著　1619円＋税
多彩な色と形、栄養価で人気。ハウスから露地まで誰でもできる栽培法と利用法を詳解。

クサソテツ（コゴミ）
阿部清著　1571円＋税
良品多収のための計画的な塊茎の増殖・養成法と露地、早熟、促成栽培の3作型と食べ方を詳述。

ダチョウ
日本オーストリッチ協議会編　1761円＋税
生理・生態や家畜としての能力、飼育の実際、食肉処理、加工、販売方法まで実践的に紹介。

日本ミツバチ
藤原誠太著／日本在来種みつばちの会編　1524円＋税
ふそ病、チョーク病、ダニ、スズメバチ、寒さに強い。種蜂捕獲から飼育法、採蜜法まで詳述。

枝物
船越桂市編著　2381円＋税
旬を感じる花材として手堅い需要、経費がかからず収入も安定、促成・露地・調製・出荷を詳述。

ジネンジョ
飯田孝則著　1429円＋税
ウイルス病を防ぐムカゴからの種イモ繁殖法から、栽培容器利用の省力・安定多収栽培法を詳解。